Propheten
Begegnungen mit paranoid schizophrenen Menschen

Herwig Oberlerchner

Propheten

Begegnungen mit paranoid schizophrenen Menschen

3., überarbeitete und erweiterte Auflage

Verlag Wissenschaft & Praxis

Bibliografische Information der Deutschen Bibliothek

Die Deutsche Bibliothek verzeichnet diese Publikation in der Deutschen Nationalbibliografie; detaillierte bibliografische Daten sind im Internet über http://dnb.ddb.de abrufbar.

ISBN 978-3-89673-731-1

© Verlag Wissenschaft & Praxis
Dr. Brauner GmbH 2017
D-75447 Sternenfels, Nußbaumweg 6
Tel. 07045/930093 Fax 07045/930094

Alle Rechte vorbehalten

Das Werk einschließlich aller seiner Teile ist urheberrechtlich geschützt. Jede Verwertung außerhalb der engen Grenzen des Urheberrechtsgesetzes ist ohne Zustimmung des Verlages unzulässig und strafbar. Das gilt insbesondere für Vervielfältigungen, Übersetzungen, Mikroverfilmungen und die Einspeicherung und Verarbeitung in elektronischen Systemen.

Druck und Bindung: Esser printSolutions GmbH, Bretten

INHALTSVERZEICHNIS

Vorwort zur ersten Auflage..7
(Prim. Dr. Thomas Platz)

Vorwort zur zweiten Auflage 8

Vorwort zur dritten Auflage..13

Einleitung 19

Herr K.
Eine Begegnung mit dem Umfeld.. 27

Schizophrenie und Psychiatrie.. 57

Herr M.
Eine Begegnung in Postkarten 75

Schizophrenie und Psychoanalyse 109

Herr E.
Eine Begegnung im Übertragungsfeld..117

Schizophrenie und Familie 139

Frau P.
Eine Begegnung im Spannungsfeld 147

Schizophrenie und Konflikt.. 151

Synthese 163

Bibliographie 169

Prim. Dr. Thomas Platz war Vorstand des Zentrums für Seelische Gesundheit am Landeskrankenhaus Klagenfurt, Vorstand des Vereines pro mente Kärnten und in diesen Funktionen auch Initiator und Leiter des Psychiatrischen Not- und Krisendienstes des Landes Kärnten.

Vorwort zur ersten Auflage

Der Hausbesuch ist eines der stärksten Qualitätskriterien in der psychiatrischen Versorgung. Mobile Dienste in der Akut-, Krisen- und Nachbetreuung werden diesem Paradigma gerecht. Die daraus gewonnenen Erfahrungen beschreibt der Autor in eindrücklicher Weise. Die Menschen in seinen Fallbeispielen sind lebendig und lassen ihr „zentrales Dilemma" durch die nachgestellten Theorien verstehbar werden. Dabei ist es ihm gelungen, die ärztlichen und psychologischen, die therapeutischen beziehungsweise diagnostischen Brillen vorerst abzulegen. Die Betroffenen kommen so „rüber" wie sie sind, es finden bei der Lektüre Begegnungen statt. Das ist schon spannend genug, aufregend wird es dann im Beispiel mit der reflektierten Gegenübertragung. Berührend ist Herr M. mit seinen vielen schriftlichen Fragen und Beteuerungen, der seine psychotische Krankheit als Nervosität bezeichnet. Warum eigentlich nicht? Hier wird auch die Zeitdimension in den Wiederholungen deutlich, wichtige Fragen sollten erst beantwortet werden, bevor es weitergeht.

Die Arbeit im psychiatrischen Not- und Krisendienst und insbesondere im Prophetenteam ist eine Lehrwerkstätte vor Ort. Hier ist es möglich, sich als Betreuer in die Welt der Betroffenen einzufügen und zu verstehen, warum die Aufgesuchten „nervös" sind oder über Stimmenhören Nähe gewinnen wollen. Hier scheiden sich auch die Geister zwischen denen, die behandeln, und denen, die vorher verstehen wollen. Kann man Brände in Laboratorien löschen? Man kann dort operieren aber nicht sanieren.

Das Buch regt an darüber nachzudenken, ob nicht mehr Berge zu den Propheten, ob nicht mehr sozialpsychiatrische Dienstleistungen zum Patienten kommen sollten. Gemeindenahe Versorgung könnte Home Care anbieten, dem Gang durch die Institutionen vorgeschaltet, in manchen Fällen als sinnvolle Alternative zum stationären Aufenthalt. Auch für uns Ärzte, Therapeuten und Betreuer ist der Gang zum Propheten unerlässlich, wenn wir hören wollen, was er uns sagen will, wenn wir die Zeichen schizophrener Störungen verstehen wollen.

Klagenfurt im Februar 2001 *Prim. Dr. Thomas Platz*

Vorwort zur zweiten Auflage

Es ist erfreulich, dass nun nach doch recht kurzer Zeit eine zweite Auflage dieses Buches erscheinen kann. Das Interesse an dieser Thematik ist recht groß, worüber wir uns auch im Rahmen von Fortbildungen, Vorträgen und Workshops freuen durften, die ich oder KollegInnen aus dem Prophetenteam in Klagenfurt, St. Pölten, Linz, Graz, Stockerau oder anderswo hielten. Das Prophetenteam wurde auch in der lokalen Presse erwähnt, Briefe und An- und Nachfragen von Betroffenen, Angehörigen und Professionellen langten ein. Ein Höhepunkt der Anerkennung dieser unserer Arbeit war sicher die Verleihung des Österreichischen Schizophreniepreises im Jahr 2001 unter dem Motto „Reintegration ist das Ziel" anlässlich des 36. Linzer Psychiatrischen Samstags. Mit dem zuerkannten Geld wurden bisher zwei Musikprojekte unterstützt.

Die zweite Auflage dieses Buches wurde ergänzt, überarbeitet und auf den aktuellen Stand gebracht.

Einige Trends sind während der nunmehr bereits neunjährigen Arbeit des Prophetenteams zu beobachten. Während wir es am Beginn dieser Sonderform extrastationärer, aufsuchender Betreuung noch zu einem Viertel mit Patienten zu tun hatten, die jegliche Form der Betreuung ablehnten und auch noch nie mit der stationären Psychiatrie in Kontakt gekommen waren, haben wir es jetzt fast ausschließlich mit so genannten „Heavy Usern" zu tun, also mit Drehtürpatienten, die aus welchem Grund auch immer von wiederholten stationären Behandlungen nicht profitieren können. Auf diese Patienten haben wir in den letzten Jahren am Zentrum für Seelische Gesundheit des LKH Klagenfurt unser besonderes Augenmerk gelegt. In einem ersten Schritt galt es, diese besondere Klientengruppe zu identifizieren, in einem zweiten Schritt versuchten wir kontinuierlich das Entlassungsmanagement zu verbessern und im Bedarfsfall einen caremanager zur kontinuierlichen Begleitung dieser Menschen zu finden. Aktuell untersuchen wir Risikofaktoren und besondere Merkmale der Heavy User, wobei wir Aspekte wie soziale Unterstützung, Compliance, Bindungsverhalten, individuelle Bedürfnisse, Selbstwahrnehmung und institutionelle Bedingungen in unsere Überlegungen mit einbeziehen. Erste Ergebnisse dieser sehr aufwendigen Studie wurden bereits veröffentlicht (vgl.: Platz et al. 2004).

Als einer der präventiven therapeutischen Ansätze ist neben anderen das Prophetenteam zur fixen Institution in der sozialpsychiatrischen Versorgung im Raum Kärnten geworden. Durch aktuelle Umstrukturierungen (geplante Bettenreduktion vor Ausbau extrastationärer Strukturen, Verminderung personeller Ressourcen im stationären Bereich) ist aber wieder mit einer Zunahme dieses besonderen Klientels zu rechnen. Denn diese hochsensible Gruppe von Klienten ist eine Art Gradmesser und Indikator für die Qualität sozialpsychiatrischer Versorgung.

Ein weiterer Trend zeigt sich in der Statistik. Eine erste statistische Auswertung machte ich im August 2001 anlässlich der Verleihung des Schizophreniepreises (vgl.: Oberlerchner, 2002): Seit der Gründung des Prophetenteams im Frühling 1996 bis August 2001 wurden 42 Patienten (19 Frauen, 23 Männer) betreut, die jüngste Prophetin war 23, die älteste 80. Das Durchschnittsalter betrug 44 Jahre.

Die Propheten verteilten sich damals auf folgende Diagnosen – ich führe hier nur die Hauptdiagnosen nach ICD-10 an, die Komorbiditätsrate und damit die Anzahl der Nebendiagnosen ist bei dieser Patientengruppe verständlicherweise sehr hoch – folgendermaßen: Alkoholabhängigkeit (F10.2) 1 Patient, bipolar affektive Störung (F31) 3 Patienten, paranoide Persönlichkeitsstörung (F60.2) 2 Patienten, generalisierte Angststörung (F41.1) 1 Patient, paranoide Schizophrenie (F20.0) 21 Patienten, hebephrene Schizophrenie (F20.1) 1 Patient, undifferenzierte Schizophrenie (F20.3) 2 Patienten, akute schizophreniforme psychotische Störung (F23.2) 1 Patient und schließlich 10 Patienten mit der Diagnose schizoaffektive Störung (F25). Das bedeutet, dass 35 Patienten eine Erkrankung aus dem schizophrenen Formenkreis (F2) haben, das sind 83 Prozent. 50 Prozent von all unseren Propheten waren paranoid schizophrene Menschen!

Vom August 2001 bis März 2005 kamen nun noch 22 Patienten hinzu, die statistischen Ergebnisse blieben annähernd gleich. Das Durchschnittsalter aller 64 bisher betreuten Klienten zum Zeitpunkt des Beginns der Betreuung ist konstant bei 44 Jahren geblieben. Das Diagnosenverteilungsprofil hat weiterhin deutlich einen Schwerpunkt bei der Diagnose Schizophrenie, nunmehr haben insgesamt 52 Patienten diese Diagnose, also 81 % (siehe Abb. 1).

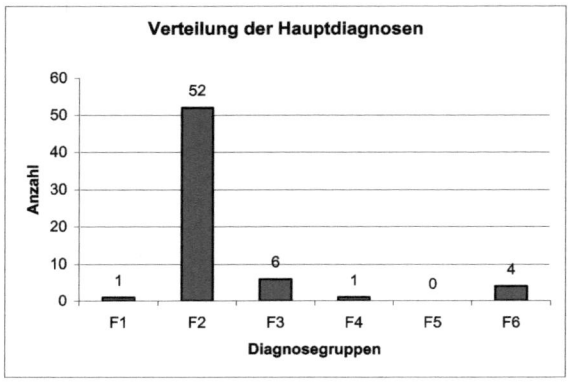

Abb. 1

Auf die Diagnose paranoide Schizophrenie fallen insgesamt 32 Patienten, das sind 50 %, was auch den Titel des Buches rechtfertigt. 5 Patienten erhielten die Diagnose hebephrene Schizophrenie (F20.1), 3 die Diagnose undifferenzierte Schizophrenie (F20.3), 1 Patient bekam die Diagnose akute schizophreniforme Störung (F23.2) und schließlich entfielen noch auf die Diagnose schizoaffektive Störung (F25) 11 Patienten (siehe Abb. 2).

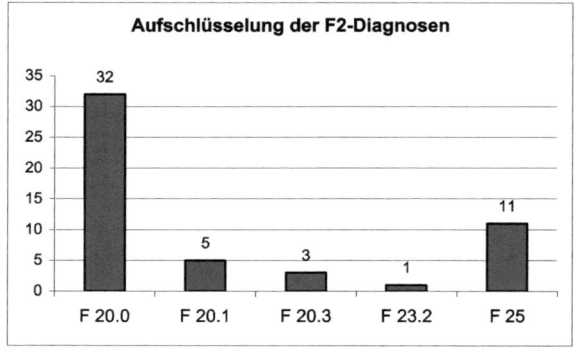

Abb. 2

Dass in den letzten viereinhalb Jahren „nur" 22 Patienten neu hinzukamen, hat sicher mit dem verbesserten Entlassungsmanagement zu tun.

Aktuell werden von 19 Mitarbeitern aus dem multiprofessionellen Team 25 Patienten betreut, die Prophetenteamsitzungen finden alle zwei bis drei Monate statt, die Bezahlung erfolgt über das Krisendienstbudget und beträgt 60 Euro brutto pro Stunde. Art, Frequenz und Ausmaß der Kontakte am Beginn der Betreuung werden mit Prim. Dr. Thomas Platz abgesprochen, später bei laufender Betreuung sind sie zeitlich limitiert.

In Zeiten finanzieller und personeller Ressourcenknappheit wird der Ruf nach Evaluierung dieser Sonderform ambulanter Langzeitkrisenintervention immer wieder laut. Bei einem Teil der Klienten nimmt die Rehospitalisierungsrate deutlich ab, Herr M. wird vor Beginn der Betreuung 23-mal stationär betreut, danach ist kein stationär psychiatrischer Aufenthalt mehr nötig. Die Kosten-Nutzen-Rechnung spricht hier eine deutliche Sprache. Mehrere ähnlich gelagerte Beispiele könnte ich anführen. Andererseits kann es aber auch sein, dass die Rehospitalisierungsrate bei laufender Prophetenbetreuung drastisch zunimmt, weil Krisen und Exazerbationen früher erkannt werden und rechtzeitig eine stationäre Behandlung in die Wege geleitet wird. Ob die im Land Kärnten im Vergleich zu anderen Bundesländern relativ niedrige Rate an geistig abnormen Rechtsbrechern, wie es im Gesetzestext unschön heißt, mit der Prophetenbetreuung zusammenhängt, wagen wir nicht zu behaupten. Klar aber ist, dass wir es mit multimorbiden und damit im höheren Ausmaß potentiell selbst- und/oder fremdgefährdenden Klienten zu tun haben.

Statistik und Forschung sind interessant, noch interessanter, berührender und spannender ist aber, was sich im emotionalen Bereich bei den Propheten und deren Betreuern abspielt. Jahrelange kontinuierliche Besuche hinterlassen Spuren, Klienten reifen nach, sind in der Lage, fußend auf diesen Verlässlichkeit, Vertrauen und Konstanz bietenden Kontakten mehr Selbstwertgefühl zu entwickeln, sind in ihrer innerseelischen Dynamik entlastet, sodass psychotische Exazerbationen oft ihren Sinn verlieren, reifen in ihren psychischen Strukturen oft erstaunlich nach, können neue Lebensaspekte zulassen und erreichen in vielen Lebensbereichen ein nicht mehr für möglich gehaltenes Niveau, wozu natürlich oft auch die Gewährleistung einer kontinuierlichen Medikation beiträgt.

Betreuer müssen für sich Lösungen in den Bereichen Fürsorge versus Vertrauen in die Kompetenz des Klienten und Nähe versus Distanz finden. Angehörige fühlen sich entlastet und können Verantwortung abgeben.

Herr M. wurde bisher über 100-mal aufgesucht, Hunderte Postkarten langten weiter bei mir ein – inzwischen sind es 435 Briefe und Postkarten –, viele Kinoabende und Spaziergänge gab es und diese Kontakte, verbunden mit den intensiven Bemühungen anderer, haben die Basis für ein Leben in recht hoher Qualität geschaffen.

Es soll aber nicht verschwiegen werden, dass wir vier Menschen während dieser Betreuung verloren haben, ihnen sei diese zweite Auflage des Buches gewidmet.

Oberlerchner H.: Das Prophetenteam in Kärnten. In: Kontakt. Zeitschrift der HPE Österreich. 25. Jahrgang. Nummer 2. Mai 2002.

Platz T., Senft B., Sauerschnig B., Cordruwisch E., Oberlerchner H., Wagner W.: Auf der Suche nach neuen Therapiestrategien: Heavy User und Risikofaktoren – Übersicht zum aktuellen Stand eines umstrittenen Forschungsgegenstandes. In: Neuropsychiatrie. Band 18. Nummer 2. 2004.

Klagenfurt im April 2005 *Mag. Dr. Herwig Oberlerchner*

Vorwort zur dritten Auflage

Die dritte Auflage des „Prophetenbuches" möchte ich zum Anlass nehmen, die Vorgeschichte, den aktuellen Stand und die weiteren Entwicklungen des Psychiatrischen Not- und Krisendienstes in Kärnten zu skizzieren (vgl. auch Oberlerchner et Rados 2015).

Im Frühling 1995 wurde im Bundesland Kärnten der Psychiatrische Not- und Krisendienst gegründet. Diese wichtige sozialpsychiatrische Initiative ging von Prim. Dr. Thomas Platz, dem damaligen Leiter des Zentrums für Seelische Gesundheit, wie die Abteilung für Psychiatrie und Psychotherapie am Klinikum Klagenfurt am Wörthersee bis zum Jahr 2007 hieß, aus und fußte organisatorisch auf einer Kooperation zwischen pro mente Kärnten, dem wichtigsten Träger extrastationärer Angebote für psychisch kranke Menschen, und der KABEG (Krankenanstaltenbetriebsgesellschaft).

Motivation für die Schaffung dieses Krisendienstes war einerseits die Forderung der Angehörigenvertretung nach entsprechenden Diensten, das im Unterbringungsgesetz geforderte Subsidaritätsprinzip, die Notwendigkeit der Entlastung der stationären Strukturen bei kontinuierlicher Bettenreduktion, aber vor allem die Erfahrung, dass bei rechtzeitigem, unterstützendem Eingreifen im Rahmen von Hausbesuchen, Differentialausgängen, Übergangspflege ... stationäre Aufenthalte durch Krisenintervention vor Ort auch unter Einbeziehung des sozialen Umfeldes verhindert werden können.

Im Jahr 2007 wurde der Krisendienst im Bundesland Kärnten umstrukturiert, wanderte vom Träger pro mente Kärnten zur KABEG und wurde gleichzeitig in einen Krisendienst Ost und West aufgeteilt, wobei die jeweiligen Krisendienste von der Abteilung für Psychiatrie und Psychotherapeutische Medizin des LKH Villach (Kärnten West) bzw. der Abteilung für Psychiatrie und Psychotherapie des Klinikum Klagenfurt am Wörthersee (Kärnten Ost) aus organisiert werden.

Im Rahmen der Erfahrungen, die im ersten Jahr des Bestehens des Krisendienstes gesammelt wurden, wurde klar, dass für eine große

Gruppe von Menschen eine Einzelintervention dieses Krisendienstes – sei es telefonisch oder durch Einsatz vor Ort – ausreicht. Für zwei kleinere, besondere PatientInnengruppen jedoch nicht. So unterschieden wir die sogenannten „heavy-user", also Menschen mit einer sehr hohen Inanspruchnahme psychosozialer Betreuungseinrichtungen, die weniger diskriminierend als „frequent user" oder „PatientInnen mit starker Inanspruchnahme" bezeichnet werden können. In einer sehr aktuellen Arbeit charakterisieren Rittmannsberger et al. (2014) die „heavy user" anhand eines Frequenzkriteriums (mehr als drei Aufenthalte/Jahr) und eines Dauerkriteriums (über 100 stationäre Behandlungstage). Die PatientInnen rekrutieren sich aus den ICD-Gruppen F1, F2 und F3 und F6, sind oft komorbid alkoholkrank, sozial isoliert und pensioniert. Sie kommen meist spontan zur Aufnahme und werden häufiger nach dem UBG aufgenommen. Unsere bereits publizierte Studie zur Charakterisierung dieser PatientInnengruppe (vgl.: Platz et al. 2004) zeigt viele Übereinstimmungen. Wir erkannten aber auch die „Betreuungsverweigerer", Menschen, die also jegliche Form von Betreuung ablehnen, als eine besondere sozialpsychiatrische Herausforderung.

Wir versuchten nun einen gemeinsamen Nenner für diese zwei PatientInnengruppen zu finden und charakterisierten sie folgendermaßen:

1) Die Betroffenen bieten protrahierte Phasen krisenhafter Zustände hoher Akutizität.

2) Sie können bestehende Hilfsangebote nicht annehmen, beziehungsweise diese Hilfsangebote scheinen nicht zu den besonderen Bedürfnissen dieser KlientInnen zu passen.

3) Sie fallen so durch alle Maschen des in Kärnten recht engen psychosozialen Versorgungsnetzes.

4) Sie profitieren nicht von Krisendiensteinzelinterventionen und stationäre Aufenthalte haben wenig nachhaltigen Effekt.

5) Sie haben keine oder eine nur dürftige Krankheitseinsicht.

6) Sie bieten in ihrer Symptomatik ein hohes Maß an Wahrscheinlichkeit für Fremd- oder Selbstgefährdung.

7) Sie erfüllen nicht die Kriterien des Unterbringungsgesetzes.
8) Sie haben einen hohen individuellen Leidensdruck.
9) Es gibt einen hohen Leidensdruck in der sozialen Umgebung.
10) Diese Menschen zeichnen sich durch eine besondere, ihre sozialen Interaktionen bestimmende Psychodynamik aus, geprägt von einem chronifizierten Autonomie-Bindungskonflikt.

Aufgrund dieser Ergebnisse der Patientencharakterisierung kam es zu zwei Initiativen bzw. Weiterentwicklungen des PNKD – dem Prophetenteam und dem Projekt Lichtblick.

Initiative I („Prophetenteam" - 1996)

Um der so skizzierten besonderen Bedürfnislage dieser Menschen gerecht zu werden, gründeten wir im Jahr 1996 das sogenannte „Propheten-Team", eine Art Langzeitnachbetreuung für Menschen mit sehr komplexer Bedürfnislage – Thema des vorliegenden Buches. Zentrales Anliegen dieser proaktiven aufsuchenden Betreuung war, dass einerseits die Institution zur/m Patientin/en kommt („Der Berg kommt zum Propheten"), andererseits ein Betreuungskontinuum, das durch den Kontakt durch die immer selben MitarbeiterInnen gewährleistet ist. Derzeit werden 20 PatientInnen durch diese besondere Form des psychiatrischen Hausbesuches aufsuchend betreut.

Initiative II (Das Projekt „Lichtblick" - 2009)

Eine Beschreibung dieses Projektes wurde ebenfalls bereits publiziert (vgl. Oberlerchner et al. 2012). Die weitläufigen Bezirke Spittal/Drau und Hermagor waren – psychiatrisch gesehen – schon immer schlechter versorgte Bezirke des Landes Kärnten. In Spittal/Drau wurde jedoch von pro-mente-kärnten in den letzten Jahren ein Sozialpsychiatrisches Zentrum aufgebaut, das die bereits vorbestehenden sozialpsychiatrischen Angebote (Nachbetreuung, Arbeitsprojekte, Tagesstätte) inkludierte und um ein Krisenhaus sowie eine sozialpsychiatrische Ambulanz erweitert wurde. Dort wurden nun exakt dieselben Erfahrungen wie im Rahmen des Psychiatrischen Not- und Krisendienstes gemacht. Menschen mit einem hohen individuellen Leidensdruck und komplexer Bedürfnislage wurden durch das breite Angebotsspektrum des SPZ und des Psychiatrischen Not- und Krisendienstes nicht erreicht. Wiederum fielen diese zwei bereits charakterisierten Gruppen auf.

Josefine More, Vorsitzende des Vereins HPE-Kärnten und Leiterin von Angehörigengruppen, Prim. Mag. Dr. Herwig Oberlerchner, MitarbeiterInnen des Psychiatrischen Not- und Krisendienstes West und des SPZ-Spittal entschlossen sich daher, auch in dieser Region eine kreative und individuelle Form der Einzelnachbetreuung und aufsuchenden Arbeit anzubieten.

Durch die Starthilfe einer Benefizveranstaltung einer Oberkärntner Firma mit drei Spittaler Damenclubs konnte im November 2009 das Projekt ins Leben gerufen werden. Während das „Prophetenteam" von der Abteilung für Psychiatrie und Psychotherapie in Klagenfurt aus organisiert wird, hat sich bezüglich des Projektes „Lichtblick" der Verein HPE-Kärnten (Hilfe für Angehörige psychisch Erkrankter) bereit erklärt, die Organisation kostenlos und ehrenamtlich auszuführen.

Derzeit werden 10 KlientInnen von 9 Teammitgliedern betreut. Die zentrale Anlaufstelle sind das SPZ-Spittal und Frau Josefine More über die HPE-Beratungsstellen und über die Selbsthilfe-Gruppen.

Als Hauptzielgruppe wurden junge Menschen mit einer Erkrankung aus dem schizophrenen Formenkreis festgelegt, Menschen, die aus verschiedensten Gründen selbst nicht in der Lage sind, psychiatrisch/psychotherapeutische Hilfe in Anspruch zu nehmen.

Die Lichtblick-Mitarbeiter werden engmaschig supervidiert, Fortbildungen bzw. Teambesprechungen finden regelmäßig statt, aus den lukrierten Spendengeldern werden die Stundensätze für die Einsätze bezahlt.

Evaluation

In Zeiten finanzieller und personeller Ressourcenknappheit wird der Ruf nach Evaluierung solcher Sonderformen ambulanter Langzeitkrisenintervention bei „difficult to treat-PatientInnen" immer wieder laut. Für das Prophetenteam liegt eine solche Evaluierung durch Analyse der stationären Aufenthalte und Aufenthaltstage vor. In dieser Studie stehen durchschnittlich 8,5 Aufenthalte vor Betreuungsbeginn 4,5 Aufenthalten nach Betreuungsbeginn gegenüber. Eine Reduktion der Gesamtzahl der stationären Aufenthaltstage bei dieser Gruppe von 58 PatientInnen um 1300 Tage wurde verzeichnet (Platz et al. 2010). Ähnliche Ergebnisse sind für das Projekt Lichtblick anzunehmen.

Widmung

Gewidmet ist dieses Buch den MitarbeiterInnen des Prophetenteams bzw. des Projektes Lichtblick. Sie tragen auf diese Art sozialpsychiatrischen Engagements wesentlich zur Entstigmatisierung der PatientInnen und der Institution Psychiatrie bei.

Klagenfurt im Herbst 2016   *Prim. Mag. Dr. Herwig Oberlerchner*

Abteilung für Psychiatrie und Psychotherapie
am Klinikum Klagenfurt am Wörthersee
Feschnigstr. 11
9020 Klagenfurt
herwig.oberlerchner@kabeg.at

Bibliographie:

Oberlerchner H. (2006): 10 Jahre Prophetenteam in Kärnten. In: Kontakt. Zeitschrift der HPE Österreich. 29/3. 15-17.

Oberlerchner H., More J., Müller-Mac Donald E. (2012): Das Projekt „Lichtblick". In Kontakt. Zeitschrift der HPE Österreich. 35/4. 14-17.

Oberlerchner H., Rados C. (2015): Der Psychiatrische Not- und Krisendienst in Kärnten. Geschichte, Trends und Entwicklungen. In: psychopraxis, neuropraxis. 18. 82-87.

Platz T., Fallmann C., Senft B. (2010): Proaktive Psychiatrie. Vorteile aufsuchender psychiatrischer Dienste als Ergänzung zu ambulanter und stationärer Psychiatrie mit Fokus auf Sozialpsychiatrie in Kärnten. In: Gemeindenahe Psychiatrie. 2. 82-91.

Platz T., Senft B., Sauerschnig B., Cordruwisch E., Oberlerchner H., Wagner W. (2004): Auf der Suche nach neuen Therapiestrategien.: Heavy User und Risikofaktoren. Übersicht zum aktuellen Stand eines umstrittenen Forschungsprojektes. In: Neuropsychiatrie. 18/2. 72-77.

Rittmannsberger H., Sulzbacher A., Foff C., Zaunmüller T. (2014): Heavy User stationärer psychiatrischer Behandlung: Vergleich nach Diagnosegruppen. In: Neuropsychiatrie. 04/14. 169-177.

Einleitung

Ich habe immer wieder spannende Begegnungen gehabt, Begegnungen mit Menschen in nicht alltäglichen Lebenssituationen, in nicht alltäglichen Kontexten, in nicht alltäglichen Geistesverfassungen, Begegnungen mit Menschen als Patienten, Klienten, Ratsuchenden, zuerst als Zivildiener, später als Arzt, zunächst in einer neurologischen Lehrpraxis, dann als Turnusarzt, später als Assistenzarzt an der psychiatrischen, kinder- und jugendneuropsychiatrischen und schließlich neurologischen Abteilung und aktuell als Oberarzt am Zentrum für Seelische Gesundheit jenes Krankenhauses, in dem ich nunmehr bereits seit 1992 tätig bin. Aber und vor allem auch als Mitarbeiter des seit 1995 in unserem Bundesland bestehenden Psychiatrischen Not- und Krisendienstes. Im Rahmen gerade dieser Tätigkeiten nun gab es Begegnungen mit außergewöhnlichen Menschen und deren außergewöhnlichen Schicksalen, und darunter wiederum Begegnungen mit Menschen mit einer besonders faszinierenden Form von Schizophrenie, mit paranoider Schizophrenie. Diese Begegnungen haben in mir Spuren hinterlassen. Diese Menschen beschäftigen mich noch immer, immer wieder treten sie in meine Gedanken, sie haben in mir offenbar Eindrücke und Gefühle hervorgerufen, die mich sehr beeindruckten, mich sicher mein ganzes Leben begleiten werden. Warum? Weil diese Eindrücke und Gefühle vielleicht noch nicht verarbeitet sind, ich diese Menschen und die durch sie ausgelösten Gegenübertragungsgefühle noch nicht wirklich verstanden habe.

Es waren wunderbare Begegnungen, intensive, traurige, ängstigende, erfreuliche, bizarre, denen allen eines gemeinsam war, sie haben mich an Grenzen gebracht, an Grenzen meiner Vorstellungswelten, an die Grenzen meines Verhaltens- und Gefühlsrepertoires, an die Grenzen meines Unbewussten, sie haben mich gezwungen, meine Grenzen wahrzunehmen, und oft ist es mir dank dieser Menschen auch gelungen, sie zu erweitern.

Immer wenn mich etwas sehr beschäftigt, muss ich es zumindest einmal in irgendeiner Art festhalten, ich mache Tagebuchnotizen, beschreibe einen Krisendiensteinsatz ausführlich am Computer, fasse das Erlebte zusammen, um es so konserviert zu wissen, und von Zeit zu Zeit lese ich diese Texte, Berichte, fiktiven oder echten Arztbriefe wieder durch, hole mir damit diesen besonderen Menschen wieder nahe und denke neuerlich über ihn nach, spüre nach, ob ich ihn und damit auch meine Gefühle und Spuren, die dieser Mensch in mir hinterlassen hat, nun bereits besser verstehe.

So entstand nun auch der Entschluss, etwas von diesen faszinierenden Begegnungen zu veröffentlichen. Aber wie und in welchem Rahmen das geschehen sollte, blieb mir lange unklar. Rein wissenschaftliche, abstrakte, quasi entmenschlichte Publikationen finde ich eher abschreckend. Ich dachte darüber nach, was mich bezüglich wissenschaftlicher Lektüre am meisten faszinierte und ich gleichzeitig am lehrreichsten fand. Und das sind, solange ich zurückdenken kann, immer die Fallbeispiele in den Fachbüchern oder Fachzeitschriften gewesen. Oft überflog ich den Text zwischen den Fallbeispielen, oder las nur sie, erfreut darüber, wenn sie kleiner gedruckt oder durch die Überschrift hervorgehoben waren, fand ich sie ja so schneller, und erst später den Text, den ich meistens eher langweilig und wenig faszinierend im Vergleich zu den Fallbeispielen, den Krankengeschichten, den Schicksalen empfand. Denn durch die Schicksale, durch die Biographien, durch die Darstellung der Menschen, ihrer Gefühlswelt und ihrer innerpsychischen Dynamik verstand ich das vom Autor Gemeinte oft erst, wurde das theoretische Konstrukt lebendig. Logisch, dass Freuds Falldarstellungen mich heute noch immer faszinieren, und es wohl kein besseres Buch als den „Rattenmann" (Freud 1909) zum Beispiel gibt, um die Ängste, Kämpfe, widersprüchlichen Neigungen eines Zwangskranken zu verstehen. Oliver Sacks hat sich mit viel Erfolg in diesem Genre der Falldarstellung verwirklicht; ich erinnere an seine sehr bekannten Bücher, in denen er seine subjektiven Erfahrungen mit chronisch neurologisch kranken Menschen darstellt. Ich kann seinen im Vorwort zum Buch „Zeit des Erwachens" erwähnten Konflikt gut nachvollziehen (vgl.: Sacks 1991, 35 f.), auch ich schwankte zwischen dem Bedürfnis und der Idee ein richtiges, klassisches, objektives, eben medizinisches Buch zu schreiben, strotzend und triefend von Querverweisen, Zitaten und Literaturhinweisen, abstrakt, wissenschaftlich, aber vielleicht leblos, kühl und andererseits einer Darstellung der „romantischen", wie Sacks schreibt, der intensiven, mehr emotionalen und sehr subjektiven und persönlichen Erfahrungen mit Menschen.

Indem ich mich für zweiteres entschieden habe, wird klar, dass ich nicht den kritischen, an Wissenschaft, Vollständigkeit und Exaktheit Interessierten, den zu quantitativer Forschung Neigenden anzusprechen vermag, vielmehr richte ich mich an jene Leser, die sich von der Faszination moderner Sozialpsychiatrie anstecken lassen wollen, die Begegnungen mit Menschen, den Aufbau intensiver Beziehungen nachempfinden und sich in Schicksale außergewöhnlicher Menschen vertiefen wollen. Genau damit stelle ich aber auch dar, was mir diese Arbeit als Psychiater so lieb und teuer macht, es sind, wieder komme ich zu diesem nun schon so oft gebrauchten Wort zurück, es sind diese besonderen Begegnungen.

Sie haben recht, es wird immer schwieriger, solche Begegnungen im Krankenhaus zulassen und überhaupt erleben zu können. Mit der Umstellung auf die leistungsbezogene Krankenhausfinanzierung in Österreich sank die Dauer der durchschnittlichen Krankenhausaufenthalte zunehmend, Listen mit den optimalen Verweildauern kursierten, Patienten wurden entlassen, weil die Verweildauerobergrenze erreicht war und nicht, weil es gelungen war, ihr psychosoziales Leistungsniveau so anzuheben, dass sie wieder mit beiden Beinen in der Welt stehen konnten. Aktuell sehen wir uns wieder mit einer Veränderung der Abrechnungmodalitäten konfrontiert, deren Effekt auf die Betreuungsqualität noch nicht abschätzbar ist.

Die Zeit wird kurzlebiger, die Arbeit als Arzt auch als Psychiater wird leider häufig wieder reduziert auf die Anamnese, Diagnose und Behandlung von Symptomen. Umso mehr genieße ich daher die Möglichkeit, in anderen, extrastationären Kontexten Patienten auch längerfristig begleiten zu können, so auch als Psychoanalytiker in der freien Praxis.

Von all den beschriebenen Begegnungen möchte ich nun jene besonders darstellen, die ich im Rahmen des Psychiatrischen Not- und Krisendienstes und hier wiederum im Rahmen des sogenannten Prophetenteams machte. Was ist das?[1] Seit Frühling 1995 gibt es in unserem Bundesland den Psychiatrischen Not- und Krisendienst, ein Hilfsangebot für Menschen in seelischer Not welcher Art auch immer, für ihre Angehörigen oder Bekannten. Seit einiger Zeit, nicht zuletzt wegen der Größe des Bundeslandes und den oft kaum mehr zu bewältigenden Telefonaten und Einsätzen pro Tag, gibt es nun für den Raum Oberkärnten zusätzlich ein eigenes Krisendienstteam, das mit dem Sozialpsychiatrischen Zentrum Spittal/Drau eng vernetzt ist.

Dieser Dienst besteht pro Tag aus einem Team von zwei Personen aus unterschiedlichsten Berufsgruppen des psychosozialen Feldes, speziell ausgebildet und engmaschig supervidiert. Der sogenannte Ier Dienst, ausgestattet mit Handy, ist rund um die Uhr im ganzen Bundesland erreichbar und versucht, Problemstellungen am Telefon zu ergründen und je nach Art und Besonderheit derselben den Anrufer zu beraten, zu intervenieren oder zu delegieren. Es bleibt häufig nicht beim Telefonat. Bei Bedarf wird der IIer Dienst verständigt, und mit unserem Krisendienstauto, derzeit ein weißer Skoda, fahren wir zum Betroffenen, der Familie in Not, dem Ehepaar im Streit, dem chronisch Schizophrenen im Wahn, dem Alkoholiker im Rausch, dem Depressiven nahe am Suizid, dem Angstkranken in der Panikattacke, dem aggressiven Maniker in der Wachstube, dem dementen Menschen im Verwirrtheitszustand, dem Jugendlichen im pubertären Ablösungskonflikt. Viele der Krisen, mit denen wir konfrontiert sind, können durch gezielte Intervention, durch Hilfe zur Selbsthilfe gemeinsam mit dem Klienten bewältigt werden. Die Werkzeuge, die uns dafür zur Verfügung stehen, sind, wie bereits angesprochen, das Gespräch, sei es am Telefon oder vor Ort, mit dem Betroffenen oder mit seinem sozialen Umfeld, Weitergabe von Information, psychotherapeutische Methoden, Verabreichung, Empfehlung oder Überprüfung der Medikation und schließlich auch Delegation an andere Institutionen, auch an die Exekutive, wenn Fremd- oder Selbstgefährdung vorliegt.

---

1 Im folgenden sind Passagen übernommen aus Oberlerchner Herwig: Das Krisendienstspezialteam: Der „Berg kommt zum Propheten". In: pro mente kärnten. 1/97,17.

EINLEITUNG

Vielfach reicht das aber für protrahierte Krisen nicht aus. Wir haben im Krisendienst zunehmend die Erfahrung gemacht, dass es Klienten gibt, die lange Phasen krisenhafter Zustände hoher Akutizität durchleben, unter anderem auch deshalb, weil die verschiedenen Hilfsangebote für sie nicht annehmbar sind, das soziale Umfeld nicht mitspielt, die Compliance des Patienten nicht da ist, keine Krankheitseinsicht gegeben ist, oder die Hilfsangebote den besonderen Bedürfnissen dieses speziellen Klientels nicht gerecht werden. Und doch boten diese Klienten oft psychische Zustandsbilder, die bedrohlich waren, bezüglich des Ausmaßes an Wahrscheinlichkeit für Selbst- oder Fremdgefährdung, und die gleichzeitig durch alle Maschen des psychosozialen Versorgungsnetzes und auch aller gesetzlichen Maschen zum Beispiel des Unterbringungsgesetzes, das in Österreich die stationäre Aufnahme und Betreuung bei ernster und erheblicher Selbst- oder Fremdgefährdung regelt, fielen.

Nun könnte man sagen: „Ja dann lasst sie halt in Ruhe", oder freuen wir uns doch, dass es Patienten gibt, die ihre Erkrankung so kreativ gestalten, dass sie sogar den findigsten Sozialpsychiatern entgehen. Es ist aber bei diesen Klienten der persönliche Leidensdruck oder der Leidensdruck der Umgebung doch so groß, dass einem schon der gesunde Menschenverstand sagt, da muss etwas gemacht werden. Der individuelle Leidensdruck durch Ängste, Verfolgungsideen, durch ein oft unglaubliches Ausmaß an Einsamkeit und sozialer Isolation bei gleichzeitig vorhandener unendlicher Sehnsucht nach sozialer Interaktion, aber auch Leidensdruck durch Vernachlässigung basaler Bedürfnisse und eine ausgesprochene Verwahrlosungstendenz an der Grenze zur Selbstgefährdung. Der Leidensdruck der Umgebung darf nicht unerwähnt bleiben, einige Patienten kultivieren ihr zum Beispiel paranoides Wahnsystem sehr expansiv, beziehen ihre Umwelt mit ein, belästigen und bedrohen ihre Umgebung, Angehörige sind ratlos und verzweifelt. Oft ist es gerade der Leidensdruck der Umgebung, der uns einzugreifen veranlasst.

So entstand der Entschluss, das sogenannte Prophetenteam zu gründen. Denn wenn der Prophet, wie wir den psychisch Kranken in diesem Krisendienst-Spezialteam nennen, auf gar keinen Fall zum Berg kommen will, so muss sich halt der Berg zum Propheten bewegen. Das ist auch der

Grund, warum wir das Krisendienst-Spezialteam „Der Berg kommt zum Propheten" genannt haben. Diese Gruppe, die es seit dem Frühling 1996 gibt, macht also eine Art unaufgeforderte Langzeitkrisenintervention, eine Art Nachbetreuung auf hohem Niveau. Die Arbeit, die sehr viel Fingerspitzengefühl erfordert, umfasst: vorsichtige Kontaktaufnahme, ein vorsichtiges Beziehungsangebot, ein vorsichtiges Arbeiten im sozialen Umfeld und eine vorsichtige Zusammenarbeit mit verschiedenen Institutionen, vom Bauamt angefangen, über die Polizei oder Bezirkshauptmannschaft bis zur Flugüberwachung. Diese Arbeit reflektieren wir in Teamsitzungen, eine Supervision findet inzwischen regelmäßig statt, und wir versuchen auch, diese unsere speziellen Fälle im Krisendienstteam publik zu machen, damit alle Fäden möglichst in einer Person zusammenlaufen. Scheinen nun diese protrahierten Krisen gelöst, wird der Patient in andere kompetente Hände übergeben, zum Beispiel in die Hände der Nachbetreuung oder der Ambulanz im Haus.

In dieser Arbeit mit diesem zum Teil sehr schwierigen Klientel geht es also weniger um Krisenlösung oder gar Heilung, unser Ziel ist Deeskalation an und für sich schon chronisch krisenhafter Zustände und auch Veränderung. Die Hoffnung lautet über lange Jahre scheinbar erstarrte Charakterstrukturen oder scheinbar hoffnungslos unveränderbare Systeme, Rollen oder Konstellationen einfach wieder etwas zu mobilisieren, labilisieren, in Bewegung zu bringen oder schlicht zu verstehen.

Wir arbeiten nach den Prinzipien des „care-managements", das heißt, wir versuchen in einem mehrschrittigen Prozess, den Klienten als Vertrauten und Partner zu gewinnen, die individuelle Bedürfnislage zu erheben, gemeinsam mit dem Klienten die Befriedigung der individuellen Notlage zu planen und durchzuführen und die erzielten Veränderungen gemeinsam zu besprechen und zu evaluieren. Durch diese partnerschaftliche Betreuungsform steigern wir die soziale Kompetenz und das Selbstwertgefühl des Patienten.

Der gemeinsame Nenner der folgenden Fallgeschichten ist aber nicht nur das Privileg, diese Menschen über längere Zeit im Rahmen des „Prophetenteams" zu betreuen und zu begleiten, sondern auch ihre Diagnose „paranoide Schizophrenie", und damit ihre spezifische Interaktion mit ihrer Umgebung, ihre spezifischen Verarbeitungsmodi, ihre besonderen Abwehrmechanismen, ihre Versuche, ihre Identität und ihr Ich aufrecht zu erhalten.

Gleichzeitig erhebt dieses Buch natürlich nicht Anspruch darauf, ein Lehrbuch zu sein, oder gar das Thema paranoide Schizophrenie in all seinen Aspekten umfassend darzustellen. Es sind nur Aspekte dieser faszinierenden Erkrankung und des „care-managements" sowie meine Gedanken zum Krankheitsmodell quasi frei assoziierend und natürlich subjektiv gewichtet dargestellt. So verzichte ich auch großteils auf wissenschaftlich korrektes Zitieren und Verweise auf Quellenangaben, schließe aber das Buch mit einer Leseliste jener Bücher und Artikel, die mir geholfen und mich inspiriert haben, dieses Buch zu schreiben.

Mir ist bewusst, dass der Begriff Schizophrenie nicht unumstritten ist. Im Rahmen einer derzeit laufenden Entstigmatisierungskampagne will man sich auch von diesem Begriff lösen, ihn ersetzen. Freud schlug schon vor Jahrzehnten den Begriff Paraphrenie vor, da mir aber bis jetzt keine wirklich brauchbare Begriffsalternative untergekommen ist, bleibe ich in diesem Buch bei der Bezeichnung Schizophrenie. Dass ich neben dem Versuch der Korrektur von in der Öffentlichkeit verbreiteten Fehlmeinungen über diese Erkrankung für den wesentlicheren Teil der Entstigmatisierung die partnerschaftliche Akzeptanz des Klienten/Patienten, die Veränderung der Stellung des schizophrenen Menschen im Krankenhaus und in der Gesellschaft und im besonderen die Korrektur des Krankheitsmodells weg von den biologischen hin zu den mehr psychodynamischen und psychosozialen Aspekten erachte, wird in den nun folgenden Kapiteln klar werden.

So möchte ich nun also mit den außergewöhnlichen Geschichten außergewöhnlicher Menschen beginnen: meine Erfahrungen mit Menschen mit paranoider Schizophrenie im Rahmen des „Prophetenteams".

HERR K

Eine Begegnung mit dem Umfeld

In der zuvor erwähnten Prophetengruppe werden fast ausschließlich schizophrene Patienten betreut, was auch mit ihrer innerpsychischen Dynamik zusammenhängt. Diese innerpsychische Dynamik, auf die ich später ausführlich eingehen werde, erlaubt es ihnen oft nicht, Hilfe anzunehmen. Einen dieser „Propheten" möchte ich ihnen nun vorstellen. Einen Mann, 1945 geboren, der in seinem die ganze Nachbarschaft inkludierenden, schwerst paranoiden Wahnsystem, über Jahre hinweg keinen Menschen an sich heranließ, durch alle Versorgungsmaschen unseres doch recht engen, psychosozialen Betreuungsnetzes schlüpfte, und dessen Fall schließlich dem „Prophetenteam" anvertraut wurde. Jeden Einsatz, jedes Telefonat, jede Begegnung dokumentieren wir natürlich, und so kann ich einen authentischen aber anonymisierten und nur leicht veränderten Fall zur Darstellung bringen, eine meiner faszinierendsten Begegnungen.

Zur Vorgeschichte:

Nachdem am 19.12.95 Nachbarn des Herrn K. (Dr. P. und Frau) bei Prim. Dr. Thomas Platz, dem Leiter unserer psychiatrischen Abteilung, dem Zentrum für Seelische Gesundheit, vorgesprochen hatten, und sie auch auf den Psychiatrischen Not- und Krisendienst verwiesen wurden, kam die Krankengeschichte des Herrn K. in unsere „schwarze Krisenmappe", in die Mappe der besonders schwierigen Patienten, in die Mappe der Propheten. Im Rahmen der ersten Prophetenteamsitzung übernahm ich Herrn K. zur Betreuung. Erstmals nahm ich am 23.5.96 mit Herrn K. Kontakt auf. Diesem Besuch vor Ort gingen am 22.5.96 folgende Telefonate voraus:

Herr K.

Telefonat mit Frau P. (Nachbarin):
Sie beschreibt Herrn K. als Eigenbrötler, der sich in seinem Grundstück verbarrikadiere, sehr isoliert sei, aber gleichzeitig die ganze Nachbarschaft vor allem nächtens terrorisiere. Er hätte Häuser mit Farben bespritzt, die Nachbarn bedroht, es hätte tätliche Auseinandersetzungen, Gerichtsverhandlungen gegeben. Seit einigen Monaten sei es nun etwas ruhiger, trotzdem hätten alle in der Siedlung Angst vor Herrn K., vor allem um die Kinder, da Herr K. diese schon bedroht hätte. Alle Versuche der letzten Jahre, etwas gegen Herrn K. zu unternehmen, wiederholte Anzeigen, Interventionen bei Staatsanwaltschaft, Polizei, sogar beim Landeshauptmann und so weiter hätten keine Veränderung der Situation bewirkt.

Telefonat mit Frau St. (Nachbarin):
Auch Frau St. bestätigt das von Frau P. Gesagte. Herr K. würde extrem primitiv hausen, ohne Strom, Wasser und Toilette. Er sei kaum zugänglich, angeblich schizophren, würde alle Leute in der Siedlung belästigen, würde oft auch tätlich werden und mit Brandstiftung und Mord drohen. Alle hätten Angst vor ihm, einige überlegen schon wegzuziehen. Alle Interventionen hätten nichts gebracht, man sei ratlos und verzweifelt.

Erster Einsatz bei Herrn K.:

In Begleitung einer psychiatrischen Krankenschwester fahre ich schließlich am 23.5.96 erstmals zum Haus von Herrn K. Das Grundstück ist tatsächlich kaum zugänglich, Herr K. hat sich wirklich verbarrikadiert. Das sehr desolate Haus wirkt baufällig, der Hauseingang ist wegen Unmengen von Gerümpel nicht einsehbar. Erst mit Hilfe einer Nachbarin, wie sich herausstellt, ist es die Tochter von Frau St., können wir über ein Nachbargrundstück zum Haus von Herrn K. vordringen. Ich steige auf einen Komposthaufen, überrage so einen Wall von Brettern und Wellblechen und habe einen Blick zum Haus. Es erinnert an einen Ziegelhaufen mit Fenster und Dach. Ähnliche Häuser kenne ich von Indienreisen. Welch Kontrast zu den umliegenden Gärten mit den gepflegten Rasenflächen, den Biotopen mit Springbrunnen, den Gartenzwergen und sorgsam geschnittenen Hecken. Nach wiederholten Rufen und langem Warten

HERR K.

meldet sich schließlich Herr K. und kommt zum Zaun. Er wirkt recht gepflegt, ist 50 Jahre alt, zuerst scheu, misstrauisch und ängstlich kommt er schließlich näher. Ich erkläre, wir seien eine Art sozialer Hilfsdienst und hätten gehört, dass er vor einiger Zeit arge Probleme mit den Nachbarn gehabt hätte. Wir wollen jetzt nur mal sehen, ob er Hilfe brauche. Herr K. verliert zunehmend an Skepsis, wird offener und schließlich recht gesprächig. Er erzählt, ich stehe noch immer auf dem Komposthaufen, von den Problemen mit den Nachbarn. Mit jedem in der Siedlung gibt es offensichtlich eine Auseinandersetzung, mit jedem Streit. Alle hätten sich nun verschworen, um ihm zu schaden. Sie würden ihn beschimpfen, bedrohen, ihn schlecht machen. Er erwähnt multiple Beziehungsideen, glaubt Gespräche der Nachbarn abhören zu können, er wisse genau, welche Verschwörungen gegen ihn im Gange seien, denn er höre das verschwörerische Gerede in der Nacht. Herr K. beruft sich auf die Menschenrechte, auf Paragraphen, auf Gesetze, die eigentlich dazu da seien, ihn, das Opfer der Nachbarn zu beschützen, und die aber gegen ihn verwendet würden. Er erzählt, wo er schon überall interveniert hätte, um auf das an ihm begangene Unrecht aufmerksam zu machen. Auf seine Isolation angesprochen, sagt Herr K., er hätte keine Freunde mehr, sei viel allein, auch seine Schwester hätte in der allgemeinen Verschwörung gegen ihn schon die Seiten gewechselt. Er bekäme etwas Sozialhilfe, brauche aber fast nichts. Er wird immer gesprächiger, fasst zunehmend Vertrauen. Mein Angebot, jetzt öfter mal bei ihm vorbeizuschauen, nimmt er schließlich an. Er will mich dann beim nächsten Mal eventuell auch ins Grundstück lassen, aber nicht ins Haus. Wir vereinbaren ein neuerliches Treffen für den Nachmittag des 1.6.96. Er bedankt sich für das Gespräch.

Am Weg zum Auto werden wir von Frau St. abgefangen. Mir ist das gar nicht recht, ich will das bisschen Vertrauen, das Herr K. vielleicht zu uns aufbauen konnte, nicht gleich am ersten Tag gefährden, wenn er uns mit den Nachbarn sieht. Nochmals aber lässt es sich Frau St. nicht nehmen, alle Untaten des Herrn K. ausführlichst zu schildern, aber auch ihre eigenen Ängste, Schlafstörungen und Depressionen, die sie durch Herrn K. ausgelöst vermutet. Wir hören ihr ungeduldig zu. Meine Kollegin und ich wollen weg, weg nun von diesem Ort, um unsere Eindrücke im sicheren Auto zu besprechen. Im Akutfall empfehle ich noch, den Krisendienst zu verständigen. Ich informiere nochmals über das Unterbringungsgesetz, das unfreiwillige Behandlungen regelt, und über meinen Plan eines vorsichtigen Beziehungsaufbaus mit Herrn K., eventuell mit späterer Einbeziehung seiner Schwester (Frau O.) und weiterer Nachbarn. Insgesamt bin ich aber mit dem Verlauf dieses ersten Kontaktes sehr zufrieden.

Für den 1.6. 96 wurde mit Herrn K. ein zweiter Kontakt im Rahmen des Krisendienstprophetenteams vereinbart. Dem Treffen gehen folgende Telefonate am 1.6. 96 voraus:

Telefonat mit Frau St. (Nachbarin):

Herr K. sei in der letzten Zeit recht ruhig gewesen, hätte nur einmal mitten in der Nacht geschrien und lauthals die Nachbarin Fr. H., von der Herr K. glaubt, sie würde die Verschwörung gegen ihn organisieren, beschimpft. Ich weise darauf hin, dass Krisendiensteinsätze durch eine mögliche Labilisierung des Systems auch zu vorübergehenden Verschlechterungen in bezug auf das Krankheitsbild führen können. Ich kündige unseren Besuch an und weise nochmals auf die Möglichkeit des telefonischen Anforderns des Krisendienstes hin.

Telefonat mit Frau P. (Nachbarin):

Ich kündige unser Kommen an. Frau P. äußert sich sehr zufrieden über die jetzt in Gang gekommene Nachbetreuung. Sie fasst nochmals die Probleme der Nachbarschaft mit Herrn K. zusammen (Sachbeschädigung, Drohungen, Schreien in der Nacht ...). Auch sie erwähnt, dass Herr K. in der letzten Zeit etwas ruhiger geworden sei. Sie hätte die Krisendienstnummer in der Nachbarschaft publik gemacht. Ich kündige weiteren telefonischen Kontakt an.

Zweiter Einsatz bei Herrn K.:

Nach langem Schreien am Gartentürchen erscheint schließlich Herr K., sagt, er hätte den Termin vergessen und eigentlich brauche er keine Betreuung. Im Laufe des ca. einstündigen Gespräches wird er zunehmend freundlicher und offener, es kommt zu einer recht unbeschwerten Unterhaltung, wenn auch zwischendurch immer wieder das umfangreiche paranoide System in minutenlangen Monologen zur Sprache kommt. Schließlich öffnet er uns, wieder begleitet mich eine Krankenschwester, sogar die Gartentür und lässt uns im Schatten eines Baumes sitzen. Er selbst sei derzeit intensiv mit Holzarbeiten beschäftigt, hätte viel zu tun. Die Nachbarn hätten ihn in Ruhe gelassen, doch ab und zu würde plötzlich und unvorhersehbar eine solche Wut in ihm auftauchen, dass er schreien müsse. Seine Schwester würde manchmal Lebensmittel bringen, oder er hole sich die Sozialhilfe, was aber immer schwierig sei, da er es als erniedrigend erlebe, Bittsteller zu sein. Er lebe sehr bescheiden, gebe kaum Geld aus, auch aus Angst sich zu verschulden, denn dann bestünde besonders die Gefahr, dass er vom Grundstück und dem Haus, an dem er sehr hängt, verjagt würde. Die Gesellschaft würde Einzelgänger und Sonderlinge halt nicht tolerieren. Herr K. möchte uns dann unbedingt etwas zu trinken geben und organisiert beim Nachbarn H., den er auf der Terrasse erblickt, Gläser und Limonade. Er äußert sich zu verschiedenen gesellschaftlichen Problemen wie Arbeitslosigkeit, Grundrechte in einer Demokratie, Ausländerproblematik, auch hier klingen immer wieder Wahnideen durch. Alles habe sich gegen ihn verschworen, die Nachbarn, die Familie, die Gemeinde, der Staat, es gibt keinen Vertrauten, keinen Freund, keinen sicheren Ort, außer das verbarrikadierte, verwilderte Grundstück. Im Kontakt zu uns ist Herr K. liebenswürdig, bescheiden und freundlich. Wir machen einen neuerlichen Termin für den 12.6.96 aus, Herr K. lacht verschmitzt und dankbar, er werde sich den Termin notieren.

Ich nutze schließlich auch die Gelegenheit für ein kurzes Gespräch mit einem weiteren Nachbarn, Herrn H., der das anliegende Grundstück bewohnt. Ich erkläre ihm unsere Funktion und die des Krisendienstes und unsere Idee, über Gespräche und ein vorsichtiges Beziehungsangebot, Herrn K. zu entlasten und ihm seine Vereinsamung und Isolierung etwas zu erleichtern. Herr H. beschreibt Herrn K. als seltsamen Einzelgänger, der ab und zu ganz zugänglich, dann wieder vollkommen verschlossen sei. Er könne aber mit ihm umgehen, wisse ihn zu nehmen. Unsere Termine hält er für wichtig.

Eine Kontaktaufnahme mit einer weiteren Nachbarin (Frau H.) gelingt heute leider nicht.

HERR K.

Gedächtnisprotokolle:

3.6.96: Morgenbesprechung im Zentrum für Seelische Gesundheit:
Ein Kollege berichtet vom Krisendiensteinsatz bei Herrn K. am 2.6.96. Sie seien um 23 Uhr von Frau M. gerufen worden (Tochter von Frau St. und Nachbarin). In der Gasse bei Herrn K. seien sie auf die Polizei gestoßen, die gerade das Grundstück von Herrn K. verließ. Frau M. hätte sich fürchterlich aufgeregt und geschimpft, weil Herr K. Steine in ihren Garten geworfen hätte. Die Polizei und der Krisendienst sprechen dann mit Herrn K., der alles bestreitet. Er sagt, er wolle nun keinen Kontakt mit dem Krisendienst mehr, meint damit wohl mich. Die Polizei fährt unverrichteter Dinge wieder weg.

3.6.96: Gespräch mit Frau M.:
Frau M. will am 3.6.96 nach den oben beschriebenen nächtlichen Vorkommnissen mit Herrn Primarius Platz sprechen. Dieser verweist sie an mich. Frau M. schildert mir nochmals die Ereignisse des Vorabends. Sie sei mit ihrem Vater und ihrem Mann im Garten gesessen. Plötzlich seien auf dem Grundstück größere Steine gelandet, geworfen aus der Richtung, in der Herr K. lebt. Daraufhin seien ihr die Nerven durchgegangen, alle Geschichten der vergangenen Jahre seien ihr wieder eingefallen, die Bedrohung der Mutter und ihrer Kinder und so weiter, und sie hätte eine ohnmächtige Wut verspürt. Da Herr K. sich auf ihr Schreien hin nicht zeigte, hätte sie die Polizei und den Krisendienst angerufen. Die Polizei hätte Herrn K. zur Rede gestellt, der sei überaus nett und freundlich gewesen, hätte alles geleugnet. Die Polizei hätte wohl auch deswegen nichts unternommen, weil einer der Polizisten in der Nähe wohnt und Angst vor Racheakten seitens Herrn K. hätte, vermutet Frau M. Danach sei der Krisendienst gekommen und hätte auch das Grundstück betreten. Auch gegenüber dem Krisendienst wirkte Herr K. ruhig und gefasst. Schließlich konnte auch Frau M. wieder beruhigt werden. Frau M. erwähnt, dass Herr K. mehrmals sagte, er möchte den Kontakt mit dem Krisendienst abbrechen. Ich kündige trotzdem weitere Besuche bei Herrn K. an, mache mir aber auch Sorgen, ob nicht nach diesen Ereignissen das bisschen mühsam aufgebaute Vertrauen wieder zerbrochen ist, und Herr K. nun den Krisendienst mit der Polizei und den Nachbarn assoziiert.

HERR K.

Im Gespräch versuche ich aber Frau M. zu erklären, dass es nach Interventionen eben zu solchen Eskalationen kommen könne. Sie habe grundsätzlich richtig reagiert, sie könne aber nicht erwarten, dass die Sache mit Herrn K. sich in so kurzer Zeit löse. Ich appelliere an ihre ohnehin schon sehr strapazierte Geduld und kläre sie nochmals über die Gesetzeslage auf. Ich werde an meinem Plan, am 12.6.96 Herrn K. wieder aufzusuchen, festhalten. Frau M. wirkt nach dem Gespräch etwas erleichtert und beruhigt.

10.6.96: Ich kündige Herrn K. mein Kommen am Nachmittag des 12.6.96 mit einer Postkarte an.

Vor dem Krisendiensteinsatz versuche ich noch Nachbarn zu erreichen, um eventuell auch die Nachbarn in die Intervention vor Ort einzubeziehen.

Telefonat mit Frau St. (Nachbarin, Mutter von Frau M., die sich am 3.6.96 im Zentrum für Seelische Gesundheit über Herrn K. beklagte):

Frau St. berichtet über eine zunehmende Ungeduld seitens ihrer Tochter wie auch der gesamten Nachbarschaft. Man wolle endlich einmal Ruhe haben. So sollten wir auch die Aktion ihrer Tochter verstehen, die den Krisendienst und die Polizei verständigte, nachdem vermutlich Herr K. Steine auf das Grundstück geworfen hatte. Frau St. liest mir einen Brief vor, den Herr K. an den Arbeitgeber eines weiteren Nachbarn, Herrn Z., geschrieben habe, indem er diesen als potentiellen Mörder verleumdet, der ihn ständig bedrohen würde. Eine besondere Brisanz erhält dieser Brief dadurch, dass er von Herrn K. auf dem Briefpapier eines bekannten psychiatrischen Gutachters geschrieben wurde, das er vermutlich entwendete, als er von eben diesem Psychiater begutachtet wurde. Herr Z. sei damals fast gekündigt worden. Außerdem gäbe es wieder Konflikte zwischen Herrn K. und dem Nachbarn H. wegen eines neuen Zaunes. Ich kündige unser Kommen an und erkläre nochmals unsere Vorgehensweise.

Herr K.

Telefonat mit Frau H.:

Über Schwester M. von der Gerontopsychiatrie werde ich gebeten, mit Frau H. Kontakt aufzunehmen. In einem langen Telefonat lässt diese Nachbarin ihre Beziehung zu Herrn K. Revue passieren. Zuerst sei es ein normales, durchaus freundliches, nachbarschaftliches Verhältnis gewesen, seit drei Jahren aber käme es immer wieder zu Beschimpfungen, Herr K. würde sie und ihren Mann in Briefen verleumden und so weiter. Außerdem fühle sie sich zunehmend von Herrn K. bedroht, getraue sich nicht mehr alleine im Haus zu schlafen und spiele schon mit dem Gedanken wegzuziehen. Man wisse ja nicht, ob er nicht auch gewalttätig sei. Vorige Woche hätte er auch ihr Haus mit Steinen beworfen. Sie teile das Gefühl der Ohnmacht aller Nachbarn, weil Herr K. so lange unbehelligt die Siedlung tyrannisiere, ohne dass es zu einer Intervention komme.

Ich versuche Frau H. die Funktion des Krisendienstes zu erklären und unsere Möglichkeiten bezüglich Herrn K. Ich versuche, ihr verständlich zu machen, dass über eventuell längerfristige aber konsequente Beziehungsarbeit und Gespräche ein Durchbrechen des paranoiden Systems möglich sein kann, und dass es nicht die Aufgabe des Krisendienstes ist, jemanden einfach wegzubringen, zu beseitigen.

Dritter Einsatz bei Herrn K.:

Herr K. reagiert auf unser Rufen zuerst nicht. Wir führen ein längeres Gespräch mit Frau St. und Frau M. Auch hier werden die Ungeduld und der im Lauf der Jahre aufgestaute Hass auf Herrn K. deutlich sichtbar. Frau St. erzählt von der Familie K., von der tyrannischen Mutter, die die Kinder damals nicht den Garten verlassen ließ, wohl selber krank gewesen sei. Der Vater sei gewalttätig und Alkoholiker gewesen, hätte Frau und Kinder immer wieder geschlagen, nach dessen frühen Tod misshandelte Herr K. nun seine Mutter und die Schwestern, er sei in die Fußstapfen des brüllenden, gewalttätigen, unberechenbaren Vaters getreten. Die Nachbarinnen stellen immer wieder sehr ausführlich die Geschichte der so belastenden Beziehung zu Herrn K. dar. Die Erwartung einer endgültigen Lösung auch an mich wird immer stärker spürbar. Der Druck wird groß.

HERR K.

Der zweite Versuch der Kontaktaufnahme mit Herrn K. gelingt eine halbe Stunde später. Er sei auf der Post gewesen. Herr K. wirkt sehr erregt, ist mir gegenüber zuerst aggressiv und ungeduldig, wirkt etwas alkoholisiert und stellt in langen, hitzig vorgebrachten Monologen sein Verhältnis zu den Nachbarn dar, beschreibt dann übergangslos sein ebenfalls konfliktreiches Verhältnis zur Schwester. Nach einem ca. halbstündigen „talk down" beruhigt er sich allmählich, ich kann auf seine Beziehung zu mir und zum Ereignis der letzten Woche mit dem Stein ewerfen zu sprechen kommen. Er sei mir gegenüber noch sehr skeptisch, könne mich irgendwie nicht recht einordnen. Bin ich Gutachter oder Partner im Kampf gegen die Nachbarn oder jemand, der ihn austricksen will? Er wird jedoch zunehmend vertraulich, gesteht flüsternd ein, dass er derjenige sei, der Steine werfe und Häuser beschmiere. Ich sage, dass ich mich freue, dass er mich ernst nimmt und sich mit meiner Rolle beschäftigt, und dass ich nicht hier sei, um über seine Taten zu richten, warne ihn aber, seine Konflikte über Gewaltakte auszuleben. Herr K. zeigt sich zwischendurch als äußerst eloquenter Gesprächspartner mit sehr differenzierten Ansichten.

Wir vereinbaren schließlich einen neuerlichen Besuch im Juli nach vorheriger Anmeldung mittels Postkarte.

26.6.96: Anlässlich des *Krisendienstseminars* erfahre ich von zweimaligem Einsatz des KD bei Herrn K. Eine Kollegin wurde von Frau M. angerufen, Herr K. hätte Streit mit Nachbar H. wegen des neuen Zaunes. Eine weitere Kollegin wurde angerufen, ebenfalls von Frau M., weil Herr K. nackt im Garten herumlaufe. Ein Kollege erzählt mir schließlich, er hätte zwei Nachbarinnen von Herrn K., die ihn anzeigen wollten, weil er vor ihrem Wohnzimmerfenster onaniert hätte, in rechtlicher Hinsicht beraten und ihnen empfohlen, den Staatsanwalt einzuschalten.

27.6.96: Ich kündige Herrn K. mein Kommen am Montag, den 1.7.96, mittels Postkarte an.

Herr K.

Erst jetzt komme ich zum Studium der **Krankengeschichte von Herrn K.:**

1) Stationär vom 7.8. 90 bis 9.8. 90 an einer internen Abteilung eines Peripheriespitals und vom 9.8. 90 bis 10.8. 90 am Zentrum für seelische Gesundheit: Wegen Herbizid-Intoxikation in fraglich suizidaler Absicht stationäre Betreuung zuerst an einer medizinischen Abteilung, danach Überstellung an die Psychiatrische Abteilung bis 10.8. 96 zur Abklärung eines fraglich paranoiden Zustandsbildes. Sozialanamnese: ledig, gelernter Schlosser, seit zwei Jahren arbeitslos, nicht versichert, zeitweilig Bezug von Sozialhilfe, drei Schwestern. Der Patient habe sich seit einigen Tagen bedroht und verfolgt gefühlt, auch Stimmen gehört. Herr K verlässt, ohne sich abzumelden, am 10.8. 91 die Station. Keine Fahndung.

2) Gutachten (15.12. 94):

Anlass: Herr K. bedrohte einen Nachbarn. 1971 – 1993: 8 Verurteilungen. Aus den Akten: K. verleumdet den pensionierten Polizeibeamten R. (03.94) und Herrn St. (03.94) bei der Polizei. Herr St. beschreibt der Polizei die Situation in der Siedlung, alle Nachbarn werden und fühlen sich bedroht. Herr K. verleumdet Herrn Ka. an seiner Arbeitsstelle. Hauserhebung bei Herrn K. am 10.3. 94, da er keiner Vorladung nachkommt. 10.3. 94: Herr F. erstattet Anzeige wegen gefährlicher Drohung seitens Herrn K. gegenüber seinem Neffen Roman F., was Grund der Anklage und des Gutachtens ist. Daneben soll geklärt werden, ob Herr K. das Haus von Herrn Ka. mit Farbeiern bewarf. 28.9. 93: Sachwalterschaftsverfahren wegen Erbstreitigkeiten mit zwei Schwestern. 8.8. 94: Hauptverhandlung. Die Beiziehung eines Gutachters wird angeordnet. 30.11. 94: Gespräch Gutachter – K.: Biographieanamnese, Befragung zu den Tatvorfällen, Herr K. beschreibt Streit mit den Nachbarn, produziert „krankhafte Beziehungsideen".

Der Gutachter kommt zum Schluss, dass Herr K. seit Jahren an einer schizophrenen Psychose leidet, die er auch als Grund für die mannigfachen Konflikte erachtet. Daher bestehen Schuldausschließungsgründe im Sinne des §11 StGB.

3) Ortsaugenschein am 28.6.95 (nach Intervention von Frau St. beim damaligen Landesgesundheitsreferenten und Ersuchen des Stadtarztes Dr. F., Magistrat Klagenfurt; Bericht von Dr. W.): Nachbarn beschweren sich über die vielen Belästigungen und Bedrohungen durch Herrn K. Beschreibung des Hauses und Gartens, K. argumentiert schlüssig, keine formale Denkstörung, erregt und affektinkontinent, wenn es um die Nachbarn geht. Fühle sich durch Nachbarn ständig provoziert. Kein Hinweis auf unmittelbare Fremd- oder Selbstgefährdung. Aufklärung über Gesetzeslage.

Krankengeschichte von Frau O. *(Schwester von Herrn K.)*:

Frau O. war in den Jahren 1975 bis 1988 mehrmals stationär.

1975: schluckt in suizidaler Absicht 10 Lyogen, fühlt sich vom Bruder bedroht, Mutter sei nervenkrank gewesen, der Vater Trinker und Epileptiker, selber wiederholt stationär, 1953 verstorben, Probleme mit Mann wegen Bruder, in letzter Zeit zunehmend unruhig, ängstlich und schlaflos. Fühlt sich schuldig am Tod der Mutter (1971). Selbstmordgedanken. Laut Ehemann und Unterredung: Vater: Zimmermann, mit 60 gestorben. Mutter: geisteskrank, Diabetes, wiederholt in Behandlung bei Dr. H. wegen Paranoia. Bruder: Sonderling, Verbrecher, Gelegenheitsarbeiter, Heimkarriere, öfters im Gefängnis, bedrohe die Familie, habe die Mutter geschlagen. Unangenehme Kindheit, Vater trank, viel Streit, VS, HS, BS, Verkäuferin, mit 27a geheiratet. Zuerst BRD, später wieder nach Kärnten bei Bruder und Mutter, dann eigene Wohnung, 2 Söhne, beide Sonderschüler. Litt unter Tod der Mutter, seit 1975 Psychopharmaka. Bruder würde öfters gewaltsam in die Wohnung eindringen, Geld nehmen, mit Umbringen drohen. Selbstmordgedanken. Medikamentöse Empfehlungen: Deanxit, Leponex, Akineton. Regelmäßige Kontrollen bei Fr. Dr. R.

1976: Druck auf der Brust, Konzentrationsstörungen, Schlafstörungen, Sorgen wegen Familie, Gewichtsverlust. Kinder im Heim. Zunehmende Angstgefühle. Arbeitet derzeit als Putzfrau. Medikamentöse Empfehlungen: Tryptizol, Leponex, Decentan, Akineton.

1980: will von einem Turm springen. Abschiedsbrief. Wieder auffällig geschminkt, ungepflegt. Putzfrau, später Abwäscherin in einem Restaurant. Schlafstörungen, Ärger mit Bruder, der sie bestohlen und bedroht hat. Adipositas. Medikamente: Saroten, Decentan, Akineton.

1987: Bittet in einem Brief Herrn Prim. Platz um Hilfe für ihren Bruder.

1988: Schlafstörungen, Schreianfälle, Suizidäußerungen. Hypertonie. Medikamentöse Empfehlungen: Decentan, Dytide, Truxal, Catapresan.

Dem nächsten Einsatz gehen wieder einige Telefonate voraus:

Telefonat mit Herrn Ka. (Nachbar von Herrn K.):

Ich erkläre Herrn Ka. zuerst die Funktion des Krisendienstes, gehe dann auf unsere Interventionen bei Herrn K. ein, erzähle kurz von unseren Kontaktaufnahmen und der Idee der Beziehungsarbeit. Unser Ziel sei, langfristig gesehen, eine Deeskalation der nun bereits über Jahre gehenden Konflikte im Umfeld von Herrn K. und eventuell später eine breitere psychosoziale Nachbetreuung über den Verein Pro Mente.

Herr Ka. stellt die Chronologie seiner Konflikte mit Herrn K. in den letzten Jahren kurz dar (Sachbeschädigung, Tätlichkeiten, Ruhestörungen, Verleumdungen, gefährliche Drohungen ...). Er hätte schon sehr oft die Polizei geholt, Anzeigen erstattet, Rechtsanwälte eingeschalten, doch nichts hätte gefruchtet. Inzwischen hätte er resigniert, er möchte nur noch seine Ruhe haben. Dazu kommt noch, dass er in letzter Zeit die Prozesskosten tragen musste, obwohl Herr K. ihn angezeigt hätte. Insgesamt hätte er für die Beseitigung allfälliger Schäden und Prozesskosten bereits ca. 80 000 Schilling aufwenden müssen. Die ganze Nachbarschaft sei schon richtiggehend ratlos und am Ende, erzählt Herr Ka. hörbar erregt und verzweifelt, alle, vor allem auch die Mütter, hätten Angst, dass einmal etwas Arges passiert.

Noch einmal erkläre ich die Funktion des KD und hinterlasse auch unsere Nummer. Herr Ka. bedankt sich erleichtert für die Kontaktaufnahme und hofft auf gute Zusammenarbeit. Ich sage weitere Kontakte zu.

Herr K.

Telefonat mit Frau St. (Nachbarin):
Frau St. sagt, sie sei jetzt so kraftlos und verzweifelt, dass sie selber psychiatrische Hilfe bei Dr. N. suchen werde. Sie sei ständig ängstlich, habe Schlafstörungen. In letzter Zeit hätte sie trotzdem viel unternommen, um in der Sache mit Herrn K. irgendeine Veränderung zu bewirken. Sie hätte eine Zeitung eingeschalten, es wird ein Artikel erscheinen. Sie hätte das Bauamt angerufen, damit endlich etwas passiert. Sie glaube, dass das Bauamt auch etwas unternommen hat, weil Herr K. ständig lauthals über den Leiter des Bauamtes schimpfe und so weiter. Sie sei mit der Tochter bei Dr. W. gewesen, dort hätte sie fast einen Nervenzusammenbruch gehabt, wegen der Aussichtslosigkeit der Situation und der momentanen Gesetzeslage, die nur den Patienten schützt und nicht dessen Umgebung. Schließlich hätte sie auch tatsächlich das Büro der Konflikte-Redaktion (eine Sendung im österreichischen Fernsehen, die Reportagen über Konflikte im weitesten Sinn brachte) angerufen, das sich eventuell mit der Sache beschäftigen wolle, wenn das Bauamt nichts unternehmen würde. Ich kündige unseren Besuch am Nachmittag an.

Vierter Einsatz bei Herrn K.:

Es gelingt nach längerem Rufen mit Herrn K. über den Nachbarzaun zu reden. Er wolle heute kein Gespräch, könne uns auch trotz des starken Regens nicht ins Haus bitten, da es so unordentlich sei. Er empfiehlt uns, zu einer Nachbarin zu gehen. Er lächelt während des Gesprächs eigenartig verschmitzt, scheint etwas mit mir und meiner Geduld spielen zu wollen, ist sichtlich gespannt auf meine Reaktion. Er hätte die Postkarte erhalten, bedankt sich auch dafür und schlägt einen Besuch bei Schönwetter vor. Ich beteuere nochmals mein Interesse an ihm als Person und Gesprächspartner, was ihm sichtlich schmeichelt. Schließlich akzeptiere ich seinen Wunsch, heute kein Gespräch zu führen und interpretiere ihn als Versuch, mir gegenüber autonom bleiben zu wollen. Ich kündige neuerliche Kontakte an. Wir gehen durchnässt zum Auto zurück.

HERR K.

Gespräch mit Frau St.:
Diese Nachbarin wirkt sehr erschöpft und deprimiert, sie könne an nichts anderes als an die Sache mit Herrn K. denken. Sie sei nervlich am Ende. Außerdem würde die ganze Nachbarschaft sie als Angelpunkt bezüglich Herrn K. sehen, was sie sehr belaste. Wir empfehlen ihr, sich auch über den Krisendienst zu entlasten, sich weniger verantwortlich zu fühlen und zu delegieren.

Telefonat mit Fr. H. (Nachbarin von Herrn K.):
Frau H. sagt, dass sie in letzter Zeit Herrn K. kaum gesehen hätte, da sie sich kaum mehr in ihrem Haus aufhalten würde aus Angst vor Konflikten mit Herrn K. Wenn er sie in letzter Zeit gesehen hätte, hätte er sie immer aufs unflätigste beschimpft. Sie wisse zwar, dass Herr K. krank sei, jedoch sei ein solcher Nachbar unerträglich. Ich kündige den Besuch des Krisendienstes an.

Fünfter Einsatz bei Herrn K.:

Von der Gasse aus rufend, reagiert Herr K. nicht. Wieder müssen wir über das Grundstück des Nachbarn H. zum Haus von Herrn K. vordringen. Nach langem Rufen, vernehmen wir schließlich im Haus die Stimme von Herrn K. Er schimpft zuerst unverständlich vor sich hin, scheint laute, anklagende Selbstgespräche zu führen, daneben läuft ein Radio. Erst nach mehreren Minuten scheint Herr K. uns wahrzunehmen, beschimpft dann auch mich. Ich sei ein Chamäleon, ein Wendehals, dem man nicht trauen könne, ich würde nicht akzeptieren, dass er keinen Kontakt brauche, würde ihn nur belästigen, ich würde nun auch zur allgemeinen Verschwörung der Nachbarn gehören, zum „H.-Klan". Er hätte deutlich im Schlaf und am Abend gehört, wie ich zusammen mit Frau H. über ihn geschimpft hätte. Ich solle mich nicht aufführen wie in einem Feudalstaat. Trotz mehrerer Aufforderungen und Bitten, aus dem Haus zu kommen, um eventuelle Missverständnisse zu beseitigen und ein normales Gespräch zu führen, fährt Herr K. fort, uns zu beschimpfen.

Wir gehen kurz zum Nachbarn H., der mit seiner Frau im Garten sitzt, ich erkläre nochmals unser Vorhaben bezüglich Herrn K. Herr H. erzählt

HERR K.

vom Konflikt wegen des neuen Zaunes, den er aufgestellt hätte. Plötzlich hätte Herr K. in einem Anfall von Wut oder auf Befehl innerer Stimmen, von denen Herr K. ihm schon öfters erzählt hätte, die Zaunpfosten ausgerissen und nach ihm geworfen. Seither hätte es kaum Kontakt gegeben.

Wir treffen schließlich überraschend Herrn K. auf dem Weg zum Auto auf der Straße. Er erschreckt zuerst, beschimpft mich dann, weil ich mich mit den anderen gegen ihn verschworen hätte. Er hätte meine Stimme im Schlaf und im Traum gehört, wie ich mit den Nachbarn gegen ihn wettere. Herr K. erzählt schließlich etwas ruhiger, dass es ihn irritiert hätte, dass ich keine Karte zur Voranmeldung geschrieben hätte. Ich sage, dass er gesagt hätte, ich solle heute bei Schönwetter kommen, habe aber den Eindruck, dass er gewisse Aussagen meinerseits gar nicht hört, er erscheint mir heute erstmals gefangen in seiner eigenen Wahrnehmungswelt. Er scheint sich aber recht intensiv mit mir und meiner Person auseinandergesetzt zu haben. Er lässt misstrauisch die letzten Besuche Revue passieren, wirft mir Fehler und Unehrlichkeiten vor. Langsam im Lauf eines längeren Gesprächs gelingt es, sein Misstrauen etwas zu beschwichtigen, Herr K. relativiert die Realität seiner inneren Stimmen, die nur Schlechtes über mich sagen, langsam entlässt er mich aus seinem paranoiden System, schimpft nur mehr über die Nachbarn. Er werde aber Erkundigungen über mich einziehen. Und er gibt mir den Auftrag zu überprüfen, ob seine Schwester tatsächlich so oft bei der Nachbarin Frau St. sei und dort gegen ihn agiere. Er wolle jetzt einen Monat lang keinen Besuch von mir, danach sollte ich mich wieder mittels Postkarte anmelden. Er entschuldigt sich schließlich für sein ablehnendes und unfreundliches Verhalten, sagt, dass es vielleicht auch am Alkohol liege, er hätte heute schon einiges getrunken. Ich müsse aber verstehen, dass er wegen seiner jahrelangen Zurückgezogenheit sehr misstrauisch geworden sei, und er auch seine inneren Stimmen ernst nehmen müsse, denn wenn sie nicht real seien, sei er ja geisteskrank!

HERR K.

Besuch bei Frau St. und Frau M.:
Die beiden Frauen erzählen befriedigt vom neuerlichen Sanierungsbescheid, der an Herrn K. vom Bauamt ergangen ist. Bis zum 3.9.96 muss Herr K. eine Toilette eingebaut haben. Sie stellen meiner Begleiterin die jahrelangen Konflikte mit Herrn K. dar. Immer wieder erwähnen sie auch Gedanken an Provokationen gegen Herrn K., wodurch sie ihn zu Tätlichkeiten verleiten könnten, damit endlich Ruhe sei. Ich hoffe, dass es nicht so weit kommen muss.

Weitere Ereignisse um Herrn K. im Juli und August:

Herr K. spricht Mitte Juli bei Pro Mente im *Nachbetreuungsbüro* vor. Er sei zuerst recht aggressiv gewesen, hätte sich sehr über mich beschwert und den Wunsch geäußert, keinen Besuch über den Krisendienst mehr zu bekommen. Ich würde immer mit einer schwarzen Frau auftauchen, hätte es nur auf sein Grundstück und auf ein Bild vom Dorotheum (?) abgesehen, hätte mich mit den Nachbarn gegen ihn verschworen. Seine Gesprächspartnerin, Frau Mag. J., sagt zu, dass sein Wunsch weitergeleitet werden würde.

Nach Aufforderung von Herrn Dr. M. besucht Mag. V. im Rahmen des Krisendienstes die *Familie M.*, die das im Norden an das Grundstück von Herrn K. grenzende Haus bewohnen. Bericht und Unterlagen siehe Krisenmappe. Die zwei Damen, Mutter und Schwester von Dr. M., berichten ausführlich über die Jahre belastender Nachbarschaft mit Herrn K. Sie erzählen von ihren Ängsten, ihrer Hilflosigkeit, sie wagen es nicht mehr, die dem Grundstück von Herrn K. zugewandten Teile ihres Grundstücks oder ihre Terrasse zu betreten.

Telefonat mit dem Leiter des Bauamtes des Magistrat Klagenfurt am 12.8.1996:
Der Beamte sagt, dass er zwar die rechtlichen Möglichkeiten hätte, Herrn K.s Anwesen sofort räumen zu lassen. Nach Rücksprache mit diversen Politikern hätte man sich aber zu einem anderen Verfahren entschlossen, nachdem es erst in vielleicht einem Jahr zu einer tatsächlichen Räumung kommen könne. Sonst würde man ja Herrn K. auf die Straße setzen, was

kein gutes Bild auf seine Abteilung werfen würde. Außerdem glaube er, dass die bauamtliche Angelegenheit nur ein Nebenschauplatz sei.

Telefonat mit Frau St.:
Sie berichtet, dass es jetzt relativ ruhig sei. Nachbar H. würde Herrn K. als recht deprimiert beschreiben. Er sitze oft recht zerknirscht vorm Haus und würde in ein imaginäres Handy sprechen. Der Psychoterror gegenüber der Familie M. sei ihr bekannt. Einmal hätte Herr K. in seinem Haus getobt und geschrien, und es hätte alle sehr erschreckt, als Herr K. gerufen hätte, er müsse jetzt demnächst einen Mord begehen. Sie hoffe auf eine baldige Änderung der Situation.

Telefonat mit Dr. M.:
Ich berichte Herrn Dr. M. von meinen Unternehmungen bezüglich Herrn K., der Arbeit mit den Nachbarn und dem Betroffenen. Herr Dr. M. hält Herrn K. für eine tickende Zeitbombe, er halte ihn für gefährlich. Er berichtet auch, wie sehr seine Mutter und Schwester unter Herrn K. zu leiden hätten. Er sehe auch, dass fast allen Institutionen die Hände wegen der Gesetzeslage gebunden seien, werde aber dafür kämpfen, dass hier etwas passiert.

Im Rahmen einer *Sitzung des Krisendienstspezialteams* werden Informationen bezüglich Herrn K. ausgetauscht. Herr Prim. Dr. Platz will sich am Samstag den 17. 8. 96 vor Ort ein Bild von der Situation machen.

14. 8. 1996: Herr K. attackiert mit einer Zaunlatte seinen Nachbarn, Herrn H., und wird von der Polizei zur stationären Aufnahme gebracht. Wenige Tage später beginne ich an exakt dieser Station meine Arbeit als Assistenzarzt.

Am 17. 8. 96 vereinbare ich mit Prim. Dr. Platz und einer weiteren Krisendienstmitarbeiterin ein **Treffen am Haus von Herrn K.** Prim. Platz, als Leiter des Krisendienstes und mehrmals indirekt und direkt involviert in die Ereignisse rund um Herrn K., will sich verständlicherweise einen Eindruck vor Ort machen. Ich gebe der Nachbarin St. einen Tipp mit der Gewissheit, dass alle Nachbarn unser Kommen dann am schnellsten erfahren werden. Tatsächlich werden wir von ca. zwanzig aufgeregten Menschen empfangen. Jeder will uns seine persönliche Geschichte mit Herrn K., die zermürbenden Auseinandersetzungen, Bedrohungen und Ängste schildern, alle reden durcheinander, Gerichtsbescheide, Kopien von Räumungsklagen, Briefe werden uns unter die Nase gehalten, mein zukünftiger Chef schaut mich wegen des Menschenauflaufs etwas vorwurfsvoll an. Wir betreten das Grundstück des Nachbarn H., wo ich immer den Komposthaufen erklommen habe, um mit Herrn K. Kontakt aufzunehmen. Der hohe Zaun, den Herr H. errichtet hat, ist umgerissen, die Metallstangen verbogen, die Zaunlatten hat Herr H., wohl um uns einen entsprechenden Eindruck zu vermitteln, auf seinem sehr gepflegten Rasen verstreut liegen gelassen. Es sieht aus, als wäre ein wildes Tier aus seinem Gehege ausgebrochen. Wir treten neugierig durch das Loch im Zaun, wohl bewusst, dass wir eigentlich etwas Verbotenes tun, doch die Neugier siegt. Das Grundstück ist vollgerammelt mit Baumaterial, alte, wohl gebrauchte Dachziegel lagern in hohen Stapeln neben Mauerziegeln, Bauholz in riesigen Stößen, verschiedene Metallteile, Gitter, Rohre, Stangen, sogar Kanaldeckel und Badewannen wurden von Herrn K. gesammelt, daneben Zementsäcke, Sandhaufen, Türen, Fensterrahmen und Wellblech. Es schaut aus wie auf einem vor Jahrzehnten aufgelassenen Bauhof. Ich erinnere mich, dass Herr K. mir einmal sagte, er plane das alte Haus, sein Elternhaus, niederzureißen und wolle einen Bungalow bauen, deswegen hätte er über Jahre entsprechendes Material zusammengetragen. Wir gehen ins Haus, das jeden Moment einzustürzen droht. Das Dach hängt etwas durch, es gibt keine Zimmerdecke. Der Vorraum ist voll Gerümpel, alte, kaputte Möbel, Stöße von Zeitungen, eine Waschschüssel, leere Flaschen, Konserven und Kartons, alles unglaublich verstaubt. Nach rechts endet der Gang in Bergen von Unrat, links steht eine Tür offen zum wohl einzigen bewohnbaren Zimmer, jenem Zimmer, in dem ich Herrn K. damals auch wüten hörte. In den zwei Fenstern mit zum Teil zerbrochenen Scheiben, notdürftig mit Zeitungspapier abgedichtet, befinden sich Vasen mit Plastikblumen, zwei Stoffhündchen sitzen zwischen den Scheiben. Der Anblick erschüttert uns, macht beklommen und traurig zugleich. Schweigend, fast ungläubig schauen wir uns an. Ein Nachbar von Herrn K. hält die Stille schlecht aus, wieder beginnt er über dessen Tyrannei zu schimpfen und schlägt uns vor, ihn für immer zu beseitigen, zurück dürfe er auf gar keinen Fall. Dabei hatten Prim. Platz und ich zum damaligen Zeitpunkt noch weitreichende Pläne. Ein Sozialprojekt schwebte uns vor, unter Mithilfe von Ex-Patienten aus den Arbeitsprojekten, unter Einbeziehung der Nachbarn, unter der Organisation eines Sozialarbeiters, planten wir all den Schutt zu beseitigen und vielleicht das Haus zu renovieren oder ein neues zu bauen. Ein sozialpsychiatrischer Paukenschlag schwebte uns vor. Dass daraus nichts wurde, nicht zuletzt weil die Nachbarn jegliche Rückkehr des Herrn K. boykottierten, sei bereits vorweggenommen. Einen letzten Blick warf ich in das Zimmer mit den schimmeligen Wänden, dachte daran, dass es vielleicht in Herrn K. auch so lieblos konserviert, verstaubt und doch irgendwie auch kindlich ausschaut, dann musste Prim. Platz wegen eines Anrufes zum nächsten Einsatz, er hatte Krisendienst an dem Tag, und ich fand mich alleine in einer Gruppe enttäuschter Nachbarn, die gerne gehört hätten, dass Herr K. nie mehr sein Grundstück betreten würde. Wir setzten uns auf die Terrasse von Frau St., nochmals erklärte ich Inhalt und Sinn des Unterbringungsgesetz, nochmals wurden mir die Untaten von Herrn K. geschildert, doch gab es bereits, vielleicht hat mich mein Gefühl damals auch etwas getäuscht, auch so etwas wie Wehmut, war doch einer ganzen Siedlung ein zentrales und verbindendes Thema, eine breite Projektionsfläche, ein gemeinsamer Feind, eben Herr K. verloren gegangen. Denn der befand sich ja bereits wegen Fremdgefährdung untergebracht in der letzten noch geschlossenen Station unserer psychiatrischen Abteilung, dem Zentrum für Seelische Gesundheit. Am nächsten Tag war genau an dieser Station mein Dienstantritt.

Herr K. an der Station 20/10 vom 15. 8. 96 bis 26. 10. 96:

Herr K. wurde erregt, schimpfend und Flüche ausstoßend von zwei Polizisten in Handschellen zur Aufnahme gebracht. Dem aufnehmenden Arzt gegenüber verhielt er sich dann aber zuerst sehr ruhig und gefasst, antwortete klar und verständlich, erst als man ihm mitteilte, dass er nach den Ereignissen auf gar keinen Fall heute nach Hause gehen dürfe, wurde er bedrohlich, ging auf einen Pfleger los und musste sediert und im

Bett fixiert werden. Am nächsten Tag betrat ich nach der Morgenbesprechung etwas beklommen die Station. Herrn K. traf ich gleich auf dem breiten Gang. Zuerst schien er mir ausweichen zu wollen, dann kam er doch auf mich zu, flüsterte mir zu, dass es den Nachbarn nun doch gelungen sei, ihm eine psychische Erkrankung anzudichten, und dass er auf baldige Entlassung hoffe, sonst müsse er wegen Freiheitsberaubung gerichtlich gegen das Krankenhaus vorgehen.

Ich sah ab diesem Zeitpunkt Herrn K. täglich bei den Visiten, und langsam fand er wieder Vertrauen zu mir, sah er mich doch anfänglich auch zum Komplott der Nachbarn gehörig. In mehreren Gesprächen konnte ich ihn zwar nicht davon überzeugen, dass er psychisch krank sei, aber er akzeptierte immerhin Medikamente, Neuroleptika, die er aber eher schlecht vertrug, er begann zu zittern, auf sein komplexes paranoides System hatten die Medikamente keinerlei Einfluss. Ich organisierte die Durchuntersuchung, Computertomographie, Labor, Elektroenzephalogramm und unterhielt mich mit seinen Schwestern. Herr K. begann an den Stationsaktivitäten teilzunehmen, Gruppenpsychotherapie wurde angeboten, bei der Kochgruppe machte er mit, er begann sogar Tischfußball zu spielen. Er hatte noch immer keinen Ausgang, war untergebracht, und oft schien es mir, Herr K. machte nur deswegen überall mit, um möglichst bald wieder entlassen zu werden. Wir hatten momentan einfach mehr Macht, und das wusste er. Die Tage gingen dahin, und Herr K. erwartete sehnsüchtig den Tag der neuerlichen Gerichtsverhandlung, wo entschieden werden würde, ob er weiterhin gegen seinen Willen im Krankenhaus bleiben müsse. Natürlich entschied der Richter eine Fortsetzung der Unterbringung, die Vorgeschichte war ja bei Gericht seit langem bekannt, Herr K. fast eine Berühmtheit im Gericht. Herr K. war wütend, frustriert, überrascht, ängstlich. Am nächsten Tag, in einem unbeobachteten Moment während der Mittagsstunde im Garten, stellte er eine Bank zur Mauer, und schon war er drüber, „lieh" sich ein Fahrrad und fuhr zu seinem Grundstück. Er hatte kaum Zeit, seinen Kasten zu öffnen und ein paar Sachen herauszunehmen, schon war die Polizei, informiert von den aufmerksamen und in dieser Zeit wohl auch etwas paranoiden Nachbarn, da und Herr K. wieder an der Station. Die nächsten zwei Tage hagelte es wütende und vorwurfsvolle Anrufe von seiten der Nachbarn.

HERR K.

Ich hatte ab und zu Zeit, mit Herrn K. ausführlicher zu sprechen, und er begann diese Stunden auch zu genießen. Wir vertieften uns anfänglich in seine Biographie, die mir ja auch der Schlüssel zu seiner Psychose zu sein schien. Denn bereits damals, als noch unerfahrener Assistent, konnte ich mit dem Begriff der endogenen Psychose nichts anfangen, erlebte meine Patienten meist reaktiv krank, reaktiv auf Traumatisierungen, häufig in der Kindheit, reaktiv auf eine lebensfeindliche Atmosphäre in den ersten Jahren, reaktiv auf ausweglose, permanent kränkende und zerstörerische Lebensumstände, sah die Psychose oft als letzten verzweifelten und erbärmlichen Ausweg, um noch letzte Fünkchen von Autonomie und Selbstwertgefühl zu behalten. Diese Gespräche wurden zur Unterredung, so wird jene Biographieanamnese dann genannt, die ein Teil der Krankengeschichte wird.

Unterredung:

Die Mutter sei schwer körperbehindert gewesen, sie hätte einen Buckel gehabt und später immer offene Füße, hätte immer Schmerzen gehabt, zuletzt kaum mehr gehen können. Der Vater hätte sehr viel Alkohol getrunken, kaum Geld verdient, hätte später auch keine Rente bezogen, doch hätte er irgendwie die Familie mit Gelegenheitsarbeiten und den Erträgen aus der bescheidenen Landwirtschaft über Wasser gehalten. 1971 sei er an einem Herzinfarkt verstorben. Die Mutter hätte trotz ihrer schweren Behinderung, Herrn K. fällt jetzt das Wort Skoliose ein, in einer Fabrik gearbeitet und deswegen später auch eine Rente bezogen. Die Kindheit sei hart gewesen, er erinnere sich aber kaum mehr daran. Er erinnere sich nur mehr an seine enge Beziehung zum Vater, den Herr K. an dieser Stelle Tata nennt, oft sei er beim Tata auf dem Schoß gesessen. Er sei sein Liebling gewesen. Der Vater sei oft betrunken gewesen, er hätte die Mutter und seine Schwestern regelmäßig geschlagen. Er sei schon ein sehr brutaler Mensch gewesen. Er hätte zum Beispiel einmal seine Schwester im Keller (den Herr K. jetzt mit Schutt angefüllt hat) angebunden und mit einem Stock geschlagen. Trotzdem hätten alle den Vater geliebt, er hätte schon auch gute Seiten gehabt. Einmal hätte er als kleiner Bub Schwalben aus dem Nest geholt, der Vater hätte dann wieder die Schwestern geschlagen. Früh sei schon die Fürsorgerin ins Haus gekommen. Herr K. erzählt, er sei vom 10.–14. Lebensjahr in einem Heim gewesen, er glaubt, dass er in diesen Jahren nie nach Hause durfte, auch sei die Mutter nur einmal in diesen vier Jahren zu ihm auf Besuch gekommen. Der Vater sei nie gekommen. Der Grund, warum er ins Heim gekommen sei, sei das Schuleschwänzen gewesen. Er hätte nämlich vor den Lehrern solche Angst gehabt und hätte sich oft zu Hause versteckt. Einmal sei dann der Schulwart zu ihm nach Hause gekommen und hätte gesagt, er hätte zu Hause eine Pistole, die gehe er holen, wenn er nicht sofort in die Schule komme. Er hätte nun noch mehr Angst vor der Schule gehabt und sei deswegen in die Heilpädagogische Abteilung gekommen. Dort sei man zum Schluss gekommen, dass die Mutter die Kinder vernachlässige und in der Erziehung überfordert sei, und er deswegen in ein Heim müsse. Im Heim sei es sehr streng zugegangen, er hätte fürchterliches Heimweh gehabt. Die Schwestern hätten damals noch alle zu Hause gelebt und mit den Eltern die Landwirtschaft versorgt, sie hätten Schweine, Hühner und oft bis zu sechzig Hasen gehabt. Der Vater hätte die Hasen immer gegen die Wand geworfen, wenn er einen schlachten wollte. Die Schwestern heißen M., J. und I. M., die älteste, sei bald ausgezogen und über Umwege nach Wien gekommen, wo sie nun Krankenschwester sei. I. lebe noch in der Stadt, hätte selber mit den Nerven Probleme, sei schon oft an unserer Abteilung stationär gewesen. J. lebe auch in Wien, das letzte Mal hätte er vor zwei Jahren einen Brief von ihr erhalten. Er hätte sich mit seinen Schwestern schon als Kind nie verstanden, sie hätten andere Spielgefährten gehabt, er sei oft sehr allein und isoliert gewesen, damals schon ein Eremit. Die Mutter hätte ihnen meistens verboten, das Grundstück zu verlassen. Heute hätte er nur noch zur Schwester I. Kontakt, er gehe sie ab und zu besuchen, bekomme oft auch etwas zu essen, sie wasche seine Wäsche. Zu den anderen Schwestern bestünde Kontakt nur mehr über den Rechtsanwalt, denn seit der Teilung des Grundstücks würde er mit seinen Schwestern prozessieren. Mit 14 sei er dann vom Heim zurückgekommen und hätte eine Schlosserlehre begonnen. Er hätte sich an der Arbeitsstelle aber nie wohl gefühlt, immer Streit mit den Kollegen gehabt, die auch immer schlecht über ihn geredet hätten, dann hätte er sich schließlich den Fuß gebrochen und sei dann gar nicht mehr zur Arbeit gegangen. Wieder sei die Fürsorge gekommen, und nun sei er ab dem 17. Lebensjahr, der Vater war bereits gestorben, in einem Heim in Innsbruck gewesen, wo er Schlosser gelernt, aber keine Gesellenprüfung absolviert hätte. Danach machte er das Bundesheer und lebte schließlich wieder bei der Mutter und seiner Schwester I. Die Mutter hätte immer Rückenschmerzen gehabt, fast nicht mehr gehen können, er hätte die Mutter gepflegt, die Einkäufe erledigt, die Landwirtschaft versorgt und daneben sogar noch gearbeitet. Weil er an der Arbeitsstelle wie seine Kollegen auch Sachen hätte mitgehen lassen, hätte er eine kurze Haftstrafe in der Karlau in Graz abbüßen müssen. Deswegen würden alle Nachbarn ihn ja auch als Häfenbruder beschimpfen. Nach Graz hätte er keine Arbeit mehr gefunden, Gelegenheitsjobs angenommen, Schwester I. sei nun weg gewesen. Er lebte mit der Mutter alleine im Haus, als diese schließlich wegen der offenen Beine und dem schwachen Herzen starb, beschimpften die Nachbarn ihn als Muttermörder, denn alle würden glauben, er hätte seine Mutter umgebracht. Das Grundstück erbten alle vier Kinder, die Schwestern wollten ihre Anteile verkaufen, er aber wollte nicht zulassen, dass seine Heimat zerrissen würde, deswegen kam es zu den Prozessen. Er hätte dann dort im Elternhaus gelebt wie ein Eremit, keinen Alkohol getrunken, und hätte nun seit ein paar Jahren zunehmend Probleme mit den Nachbarn, die ihn alle beschimpfen, verspotten und bedrohen würden. Gegen diese Verleumdungen müsse er sich ständig wehren, und oft würde er versuchen, den Nachbarn zuvorzukommen, damit sie nicht mehr über ihn schimpfen. Wenn der Streit mit den Schwestern vorbei sei, werde er endlich mit dem Bau des Bungalows anfangen können und vielleicht sogar eine Familie gründen können. Er habe schon gar nicht Halluzinationen, er hätte aber feine Ohren und höre das Gerede der Nachbarn. Diese würden sich regelmäßig treffen, um über ihn zu reden, auch seine Schwester I. sei in letzter Zeit bei diesen Treffen dabei gewesen, er sei sich dessen aber nicht mehr so sicher. Wenn diese Stimmen aber Halluzinationen wären, dann wäre er ja psychisch krank. Er sei 1991 schon einmal stationär gewesen, hätte damals versehentlich ein Pflanzengift getrunken, er sei entlassen worden, weil er nicht, im Gegensatz zu seiner Schwester, psychisch krank sei. Derzeit lebe er von der Sozialhilfe, er brauche nur sehr wenig Geld, da er von seiner

Schwester versorgt werden würde. Er hätte noch nie eine Freundin gehabt, der Grund seien wahrscheinlich seine kariösen Zähne (weswegen wir Herrn K. auch an der kieferchirurgischen Abteilung vorstellen), deswegen hätte er auch nur sehr selten sexuellen Kontakt zu Frauen, er sei Onanist. Er würde ab und zu im Garten herumlaufen und onanieren, das sei aber nicht als Exhibitionismus zu werten, das gehe auch niemanden etwas an, und wer ihm dabei zusehen würde und sich darüber aufregen würde, der hätte selber sexuelle Probleme. Im Gegenteil, er glaube, dass die Nachbarinnen beim Blick auf seinen Penis Vergnügen hätten. Der Zaun des Nachbarn sei zu hoch und ohne sein Einverständnis aufgestellt worden und damit gesetzeswidrig. Das dürfe er nicht zulassen, er wollte mit der Eisenstange dem Nachbarn nur zeigen, dass er das nicht mit sich machen lasse, ihm zeigen, dass man nicht gesetzeswidrig handeln dürfe. Der Zaun sei ja nur ein weiterer Versuch der Nachbarn ihn zu schädigen, und es gelte erste Anzeichen solcher Verschwörungen im Keim zu ersticken.

Gespräch mit Schwester I.:

Frau O. wurde durch eine Postkarte von ihrem Bruder von dessen Aufenthalt an unserer Abteilung verständigt. Sie sagt, sie hätte als einzige Verwandte noch Kontakt zu ihrem Bruder. Er würde regelmäßig jeden Samstag zu ihr auf Besuch kommen, fernsehen, etwas essen, auf seine Wäsche warten und ein bisschen reden. Sie glaubt, er brauche dringend psychiatrische Hilfe, da er Stimmen höre, wie ihr Bruder ihr selbst vor einigen Wochen anvertraut hätte. Sie könne das gut beurteilen, da sie selber zwanzig Jahre lang psychisch krank gewesen und auch wiederholt stationär gewesen sei. Seit zwei Jahren gehe es ihr nun recht gut, sie brauche keine Medikamente mehr. Ihr Bruder fühle sich von den Nachbarn bedroht, deswegen schimpfe er dauernd über sie, er hätte immer das Gefühl, dass diese etwas gegen ihn unternehmen wollen. Frau O. glaubt, dass die Nachbarn kein Verständnis für ihren Bruder, ja allgemein für psychisch kranke Menschen haben.

Die Kindheit und Jugend sei sehr belastend für alle Kinder gewesen. Die Mutter sei depressiv, nervös und körperbehindert gewesen, der Vater Alkoholiker und beide eigentlich zu alt, um Kinder zu erziehen. Es wundere sie überhaupt nicht, dass ihr Bruder, der so viel mitgemacht hat, nun psychisch krank sei. Sie würde sehr darunter leiden, dass ihr Bruder sie beschuldige, sich mit den Nachbarn zu treffen. Es sei ihm nicht auszureden, da sei er unbeirrbar, er wolle sie auch wieder anzeigen, auch sei sie traurig, dass das Verhältnis zu den in Wien lebenden Schwestern so angespannt sei. Sie wünsche sich nun, dass ihr Bruder möglichst lange bei uns bleiben könne, weil er dringend Behandlung brauche. Sie werde nun noch versuchen, mit dem Primarius Kontakt aufzunehmen und auch mit dem Richter, damit diese nicht zu streng mit ihrem Bruder sein mögen.

Frau O., eine dicke, einfach strukturierte, laut und eindringlich redende Frau, sehe ich ab diesem Gespräch öfters, während sie anfänglich noch recht stabil wirkt, sich ordentlich kleidet, wird sie im Lauf der Wochen des stationären Aufenthaltes ihres Bruders zunehmend manisch, schminkt sich stark, behängt sich mit vielen Ketten, redet unaufhörlich, wird auch distanzlos, ruft alle Nachbarn ihres Bruders, immer wieder auch an der Station an. Oft wirkt sie alkoholisiert.

Gespräch mit Schwester M.:

Frau T. kommt für einige Tage nach Kärnten und bittet um ein Gespräch. Sie berichtet, dass sie wegen der Erbschaftsangelegenheit seit 1978 nur mehr über das Gericht Kontakt mit ihrem Bruder hätte. Nun sei sie gekommen in der Hoffnung, Herr K. werde die Berufung bezüglich der Grundstücksaufteilung zurücknehmen. Sie legt mehrere Schreiben, Briefe und Gerichtsbeschlüsse vor. Sie sei sehr überrascht ob des guten Gesundheitszustandes ihres Bruders, man könne sich mit ihm unterhalten, er würde nicht mehr gleich aggressiv werden. Zur Familiensituation erzählt mir Frau T. folgendes: Der Vater sei Alkoholiker und Epileptiker gewesen. Er sei brutal und aggressiv gewesen, am meisten hätte wohl ihre Schwester I. abbekommen, daher sei die auch so auffällig. Sie selbst hätte früh schon die Familie verlassen, sei oft bei der Großmutter gewesen, hätte die konfliktreiche Atmosphäre tunlichst gemieden und auch mit 18 die erste Gelegenheit benutzt von zu Hause weg zu kommen. Doch auch ihre Psyche hätte durch diese Kindheit sehr gelitten. Zu ihren Schwestern hätte sie kaum Kontakt, selten gäbe es Telefonate mit Schwester J. Frau

T. äußert sich besorgt, dass diese Psychose in der Familie erblich sei, da auch ihr Enkel sich eigenartig verhalten würde.

Frau T. besucht ihren Bruder in den nächsten Tagen regelmäßig, sie kauft ihm Kleidung, er darf mit ihr in die Stadt, die Geschwister gehen essen. Sie werden von einer Nachbarin von Herrn K. gesehen, diese ruft mich tags darauf sehr vorwurfsvoll an. Herr K. zieht seine Berufung nicht zurück, trotzdem verlaufen die Begegnungen der Geschwister weiter recht harmonisch. Frau T. wird noch einmal bei mir vorstellig, bedankt sich für meine Mühe und schenkt mir eine große Bonbonniere. Als ich die Schachtel später öffne, ist sie völlig leer.

Herr K. bleibt bis Ende November untergebracht und an der geschlossenen Station. Er hat Ausgang, fährt aber nicht mehr zu seinem Haus, sondern nur zu seiner Schwester. Er ist freundlich, zuvorkommend, hilfsbereit, rückt von seinen Beziehungs- und Verschwörungsideen jedoch keine Spur ab. Wir reduzieren die Medikamentendosis, er erhält nun ein modernes atypisches Neuroleptikum, das er nebenwirkungsfrei verträgt. Die Überstellung an eine offene Station steht bevor. Schließlich bittet er mich, noch einmal zu seinem Haus gehen zu dürfen, da er etwas holen wolle, ich beschließe, ihn, um Konfrontationen mit seinen Nachbarn zu verhindern, zu begleiten. Wir fahren zum Grundstück, ich warte vorm Haus, höre Herrn K. im Haus kramen, schließlich kommt er mit einer vollgefüllten Tasche heraus. Nachbar H. hat uns wahrgenommen, er spricht Herrn K. an, fragt ihn, wie es ihm gehe. Herr K. ist anfänglich kurz angebunden, wird aber gesprächiger. Nachbar H. lädt uns auf seine Terrasse zum Kaffee ein, den seine Frau etwas irritiert und ängstlich zubereitet. Frau St. gesellt sich zögernd zu uns, wir reden über die Ereignisse der letzten Monate, Herr K. beschreibt sehr ruhig all das Unrecht, das ihm angetan wurde, die Nachbarn beschreiben ihre Ängste, ich moderiere, versuche die hoch explosible Situation nicht eskalieren zu lassen. Es gelingt, wir trinken gemeinsam Kaffee, schauen immer wieder auf die noch offene Lücke im Zaun. Ich bin stolz, triumphiere innerlich, sehe das Arbeitsprojekt wieder näher rücken. Wir verabschieden uns schließlich.

Wenige Tage später wird Herr. K. an die offene Station überstellt. Er bleibt dort weiter untergebracht, doch genießt er mehr Freiheiten und findet im stationsführenden Psychologen einen verständnisvollen Betreuer für die nächsten zwei Monate.

Herr K. schreibt am Tag der Überstellung an die offene Station einen **Brief an Nachbar H.:**

Sehr geehrter Herr H.:

Ich schreibe vom Spital, Abteilung 10, an Sie. Bitte würden Sie mir mitteilen, ob die Errichtung Ihres Zaunes rechtens war, das heißt, ob die Höhe von über 40 cm über der gesetzlich vorgeschriebenen von 1m 50 cm Höhe bei jedem Feld von der Behörde bewilligt wurde. Der Leiter der Rechtsabteilung im Magistrat muss jedenfalls unverzüglich informiert werden. Jedenfalls kann er eine solche Zaunhöhe unmöglich tolerieren. Ich habe mich über Ihre Sturheit dermaßen aufgeregt, dass ich nach dem Genuss von etwas Alkohol provokativ ein paar Bretter herausschlug. Ihnen selber wollte ich jedenfalls nichts tun. Das dürfen Sie mir schon glauben. Nun sagt man, ich litte an einer paranoiden Psychose. Dabei konnte ich bloß Ihre Sturheit nicht begreifen, und dass Sie bewusst gesetzeswidrig vorgehen. Schließlich hatte ich Sie mehrmals darauf aufmerksam gemacht, dass Konflikte in einer Demokratie mit Hilfe der Gerichte geklärt und bereinigt werden. Sie wollten nichts davon wissen und haben in geradezu krankhafter Art und Weise am Zaun weitergearbeitet, trotz aller meiner Proteste. Nun meint man, solche Streitigkeiten hätten ihre Ursache in einer Erkrankung von mir. Dabei ist es bloß die mangelnde Gesetzestreue mancher Nachbarn, die mich so aufregt. Und wodurch ich gezwungen bin, um meine Rehabilitierung zu kämpfen, damit man das ganze nicht als meine Krankheit ansieht. Bitte lassen Sie mich wissen, was Sie nun wegen dem Zaun unternehmen werden. Es ist schade, dass Sie nicht in Stimmung waren, mit mir das Zaunproblem in demokratischer Art und Weise zu lösen. So habe auch ich Schaden genommen und trotzdem ist es noch nicht aus der Welt geschafft das Problem. Kommen Sie mich einmal besuchen und dann vertragen wir uns wieder. An einem Zaun sollte unsere gute Nachbarschaft, unser bisheriges gutes Einvernehmen nicht scheitern. Mit lieben Grüßen. Ihr K.

P.S.: Ich hoffe, Sie wollen sich mein Grundstück nicht einverleiben.

Herr K.

Der weitere Verlauf:

Herr K. bleibt bis Ende Jänner 97 an der offenen Station. Da er nicht versichert ist, wächst sein Schuldenberg im Sinne unbezahlter Krankenhauskosten stark an. Herr K. schreibt an die medizinische Direktion, dass er nicht freiwillig im Krankenhaus sei, sich daher für diese Kosten auch nicht verantwortlich fühle. Das Bauamt verschiebt den Termin des Abbruchs des Hauses immer wieder. Man hofft auf eine gerichtlich angeordnete Zwangsversteigerung, denn dann müsste der neue Besitzer für den Abtransport der mehreren Tonnen Schutt aufkommen. Ein Verbot, das Grundstück wegen Einsturzgefahr des Hauses zu betreten, wird ausgesprochen, tatsächlich hat sich das Dach weiter bedrohlich gesenkt. Ich sehe Herrn K. immer seltener, am ehesten noch im Nachtdienst, wenn ich eine Stationsrunde mache. Oft schläft er aber schon. Einmal noch führen wir ein längeres Gespräch, Herr K. beteuert zwar, dass es ihm jetzt sehr gut gehe, er hätte an der Station Freunde gefunden, würde sich mit dem Ergotherapeuten sehr gut verstehen, hätte regelmäßig warmes Essen und jedes Wochenende dürfe er auch zu seiner Schwester, doch er könne all das nicht genießen, weil er sich unfrei fühle. Nach wie vor möchte er zurück in sein Haus, dort sei schließlich seine Heimat, niemand dürfe ihm das Recht auf Heimat verwehren. Er vergönne auch den Nachbarn ihren Triumph nicht. Er werde sein Leben lang weiter um Selbstbestimmung und Menschenrechte kämpfen.

Schließlich lenkt Herr K. doch ein, er erklärt sich bereit, in eine psychiatrische Außenpflegestelle zu übersiedeln. Er kommt in eine kleine Stelle mit angeschlossener Landwirtschaft, in einem Brief an seine Schwester beklagt er sich, dass er nicht zum Arbeiten in Gummistiefeln im Stall ausgebildet sei und sich daher rechtliche Schritte gegen den Leiter der Außenpflegestelle überlege. Ein Jahr lang geht alles gut, doch dann erfahre ich, dass Herr K. im November 98 von der Außenstelle weggegangen sei und wieder in seinem Haus wohne. Die Nachbarn setzen wieder alle Hebel in Bewegung, wieder gibt es Kontakte mit dem Krisendienst, wieder kommt es zu einer diesmal aber nur verbalen Bedrohung des Nachbarn H., wieder findet sich Herr. K. unfreiwillig im Zentrum für Seelische Gesundheit wieder. Sein Grundstück wird versteigert, Herr K. glaubt das bis

HERR K.

zuletzt nicht, verleugnet alles, man hätte ihm das nur gesagt, damit er die Station nicht verlasse, sein Haus könne nicht gegen seinen Willen versteigert werden. Herr K. geht schließlich nach zwei Wochen an der Station wieder in die Außenpflegestelle zurück. Das Haus wird abgerissen, ein Großteil des Schuttes wurde bereits abtransportiert. Herr K. bleibt nun in der Außenstelle.

Schizophrenie und Psychiatrie

Die Schizophrenie gehört wohl zu den faszinierendsten psychiatrischen Erkrankungen. Ich kann mich gut erinnern, wie ich mich fühlte und aufgeregt war, als ich „meinem ersten schizophrenen Patienten" gegenüberstand. Ich war als 18-jähriger Zivildiener in einem Heim für behinderte Menschen, wo auch einige wenige psychisch Kranke nach meist mehrjähriger Psychiatriekarriere ihr Zuhause gefunden hatten. Eine unheimliche Faszination ging von diesem Mann aus; seine Skurrilität, seine Gedankenabläufe, seine Art mit Menschen zu sprechen und zu interagieren, ließen mich staunen, und ich versuchte angestrengt hinter seiner Verstiegenheit und seinen Sätzen die eigentliche Botschaft zu verstehen. Es war eine völlig andere Welt, als die bisher mir vertraute, in der er lebte, ich erkannte, dass man dieses Leben ganz anders führen und bewerten und diese Welt völlig anders erleben und gestalten kann. Dieser ersten Begegnung verdanke ich viel.

Im folgenden möchte ich kurz und gerafft das schulmedizinische Wissen um die Schizophrenie zusammenfassen. Dieser Überblick ist unvollständig. Der interessierte Leser findet in der Bibliographie weiterführende Literatur.

Die Schizophrenie ist eine sogenannte **Psychose**, das heißt eine psychische Erkrankung, ein psychischer Ausnahmezustand, der akut auftreten und nach einmaliger Episode ausheilen kann (22%) oder chronisch rezidivierend ohne oder mit nur sehr geringer bleibender Beeinträchtigung (35%) oder rezidivierend mit gleichbleibender Einschränkung (8%) oder schließlich prozesshaft sich verschlechternd mit zunehmender Potentialeinbuße verläuft (35%) – früher wurde daher auch der resignative Terminus Prozesspsychose verwendet – und gegenüber anderen Erkrankungen wie Neurosen, Persönlichkeitsstörungen oder Suchterkrankungen abgegrenzt wird. Der Begriff Psychose beschreibt indirekt auch den Schweregrad der psychischen Erkrankung und wird allgemein – ich benutze eine weite Begriffsdefinition – für eine Erkrankung verwendet, bei der der Patient die Krankheitskriterien Realitätsverlust, Realitätsverfremdung (De-

realisation) und damit die Unfähigkeit realitätskonformen Handelns und/
oder Verlust beziehungsweise Verfremdung der integrierenden, auch emotionalen (Stichwort: affektive Psychosen) Wahrnehmung der eigenen Person (Depersonalisation) zeigt.

Um möglichst klar nach einer Anamnese, einem diagnostischen Interview, einem Erstgespräch eine Diagnose stellen zu können, fernab von kulturellen Kontexten, individuellen Aspekten seitens des Untersuchers oder ähnlichen Einflüssen, entstand die Notwendigkeit der Erstellung von bestimmten Kriterien, die, wenn erfüllt, zur Diagnose Schizophrenie führen. Damit wird internationale Kommunikation, Forschung und Beurteilung von Krankheitsverläufen möglich. Es ist bekannt, wie unterschiedlich Diagnosetraditionen in verschiedenen Ländern oder wie groß der Einfluss individueller Präferenzen von Untersuchern sein können. Es gab daher schon mehrere Versuche, diagnostische Kriterien für die Schizophrenie zu operationalisieren, letzten Endes haben sich vor allem aber zwei wichtige Versuche, Diagnosekriterien zu beschreiben, durchgesetzt, einerseits das **DSM** (Diagnostisches und Statistisches Manual psychischer Störungen, derzeit in der vierten Auflage) und andererseits das **ICD** (International Code of Diseases, derzeit 10. Auflage), beides auch in Österreich verwendete Manuale.

Im DSM-IV ist nun die **Schizophrenie**, hier verkürzt und etwas modifiziert dargestellt, auf der Achse I wie folgt definiert (vgl.: DSM-IV 1998, 137 ff.):

A) Mindestens zwei der charakteristischen Symptome bestehen mindestens über einen Monat (oder kürzer bei erfolgreicher Behandlung):

Wahn

Halluzinationen

Desorganisierte Sprechweise

Grob desorganisiertes Verhalten oder katatone Symptome

Negative Symptome (zum Beispiel flacher Affekt, Sprachverarmung, Apathie, Willensschwäche ...)

B) Soziale und berufliche Leistungseinbußen. Das bedeutet Absinken des psychosozialen Funktionsniveaus während der Erkrankung (sozialer Rückzug, verminderte Leistung am Arbeitsplatz, verminderte Selbstfürsorge).

C) Dauer. Die Dauer ist schwierig zu definieren. Kurz aber kann man folgendes sagen: Dauert eine schizophrene Psychose unbehandelt und erstmalig aufgetreten kürzer als sechs Monate, so spricht man von einer schizophreniformen Störung. Dauert sie, wieder unbehandelt und wieder inklusive Prodromi (Krankheitsvorboten), floriden Symptomen und Residualsymptomen („Restzuständen"), länger als sechs Monate, so handelt es sich um eine Schizophrenie. Bei erfolgreicher Behandlung fällt dieses Zeitkriterium natürlich weg.

D, E, F) Andere psychische Erkrankungen, sogenannte Differenzialdiagnosen müssen ausgeschlossen werden: Schizoaffektive Psychosen, drogeninduzierte Psychosen, tiefgreifende Entwicklungsstörungen, dissoziative Störung ...

Zusatzcodierungen im DSM und ICD beschreiben die unterschiedlichen Verlaufsformen der klinischen Störungen, weitere Achsen die Gesamtsituation des Patienten. Auf der Achse II des DSM werden Persönlichkeitsstörungen und geistige Behinderungen erfasst, auf der Achse III medizinische Krankheitsfaktoren, auf der Achse IV psychosoziale und umgebungsbedingte Probleme und auf der Achse V wird dem allgemeinen Funktionsniveau des Patienten ein Zahlenwert zugeordnet.

Sind nun die oben genannten Kriterien der Achse I erfüllt, spricht man von einer Schizophrenie, die wiederum zu den endogenen Psychosen gezählt wird, das heißt, die Erkrankung wird nicht durch einen exogenen Faktor (Drogen, Hirnverletzung ...) verursacht, sondern kommt „von innen heraus". Dieser Begriff „endogen" ist meines Erachtens antiquiert und sollte nicht mehr verwendet werden, drückt er doch meistens einfach das Nichtwissen um die Entstehung psychiatrischer Erkrankungen aus, inkludiert die Vermutung einer noch unentdeckten erblichen Komponente, beziehungsweise exkludiert den Zusammenhang mit lebensgeschichtlichen Ereignissen. Mit Zunahme unseres Wissens in den Gebieten Entwicklungspsychologie (inklusive Bindungstheorie und Säuglingsforschung), Neurobiologie, Psychodynamik und Soziodynamik wird dieser Begriff obsolet und bei exakter und ausführlicher Anamnese jede psychische Erkrankung inklusive Schizophrenie einfühlbar und verstehbar, so mein Postulat.

Die oben genannten Diagnosekriterien werden nun vielfach kritisiert, entbehren sie doch völlig einer Beschreibung von individuellen Abwehrmechanismen und Bewältigungsstrategien, von psychodynamischen Gesichtspunkten, interindividuellen Beziehungsgestaltungen, soziokulturellem Kontext, subjektivem Krankheitserleben und Krankheitsmodellen und so weiter. Diese Diagnoseschemata betonen ausschließlich die phänomenologisch-deskriptive Komponente psychischer Erkrankungen, gleich einer Check-Liste beim Mechaniker werden Kriterien überprüft und schließlich zu korrigierende Mängel festgestellt. Für psychodynamisch denkende Behandler bleibt das DSM trotz mehrachsiger Beurteilung unbefriedigend, es bietet aber immerhin eine Möglichkeit, sauber und reliabel zu diagnostizieren. Der Versuch, oben genannte Aspekte in die Beschreibung mit einzubeziehen ist meines Erachtens im **OPD** (Operationalisierte Psychodynamische Diagnostik) recht gut geglückt. Hier wird der Vorschlag gemacht, nach einem ausführlichen Interview mit dem Patienten, Aussagen zu Krankheitserleben und Behandlungsvoraussetzungen, Beziehungen, Konflikten, Persönlichkeitsstruktur und schließlich Diagnose in einem mehrachsigen Diagnoseschema zu machen. Eine genauere Darstellung würde den Rahmen dieses Buches sprengen.

Blättert man in psychiatrischen Lehrbüchern zum Thema Schizophrenie, so findet man an den Anfang gestellt immer einen kurzen historischen Abriss zur Krankheitsbeschreibung. Man erfährt, dass Kraepelin erstmals 1896 verschiedene Krankheitsbilder unter dem Namen „Dementia praecox" zusammenfasste und mit diesem Begriff versuchte, das frühe Auftreten (präcox) und den bei schlechtem Verlauf an Verblödung (Demenz) erinnernden Zerfall des Denkens zu beschreiben. Der Begriff wird nicht mehr verwendet und wurde abgelöst durch den von Bleuler 1908 erstmals gewählten Begriff Schizophrenie (Bewusstseinsspaltung). Bleuler unterteilte und fasste die schizophrene Symptomatik neu zusammen, und auch heute folgen die psychiatrischen Lehrbücher noch weitgehend seinen Beschreibungen.

Man unterscheidet Grundsymptome von akzessorischen Symptomen. Zu den **Grundsymptomen** gehören *Störungen des Denkens,* unterteilt in formale und inhaltliche Denkstörungen, mit zerfahrenem, inkohärentem, unlogisch wirkendem Denken. Phänomene wie Gedankensperrung, plötzliches Gedankenabreißen oder das Gefühl, das Denken sei von außen gesteuert oder beeinflusst, werden von Patienten beschrieben. Konzentrations- und Gedächtnisstörungen, eine erhöhte Ablenkbarkeit und der hohe Angstpegel erschüttern den Denkablauf weiter, der sich auch in Sprachzerfall bis hin zum völlig unverständlichen Wortsalat äußern kann. Wortneubildungen, der oft ungewöhnliche Satzbau, eine manierierte, bizarre Ausdrucksweise tragen zu einer Störung der Kommunikationsfähigkeit bei. Bei genauem Hinhören und Kenntnis der Gesamtsituation des Patienten wird aber manches verstehbar, ist der oft symbolhafte, verstiegene Ausdruck entschlüsselbar und sogar Kommunikation möglich.

Die *Störungen der Person* umfassen folgende Phänomene und basale Dimensionen des Ich-Bewusstseins: Depersonalisation bedeutet, sich entfremdet zu fühlen, man vermutet sich fremdgesteuert, beeinflusst, fremden Einflüssen ausgeliefert. Selbstbestimmung und das Gefühl der Abgegrenztheit sind verloren, man ist durchlässig, entgrenzt, nicht mehr Frau/Herr im eigenen Haus (Störung der Ich-Demarkation), kann nicht mehr über Antrieb, Aufmerksamkeit, Annäherung oder Bewegung entscheiden (Störung der Ich-Aktivität). Die Persönlichkeit ist desintegriert, eventuell zerfallen in Teilpersönlichkeiten, Repräsentanzen unterschiedlicher oder sich ausschließender Impulse und Triebe, verbunden mit dem Gefühl von Spaltung, Fragmentierung oder völligem Zerfall (Störung der Ich-Konsistenz). Massive Ängste vor Zerfall, Tod, Krankheit, Erlöschen oder Weltuntergang sind Ausdruck des Zweifels an der eigenen Lebendigkeit (Störung der Ich-Vitalität). Die Störung der Ich-Identität zeigt sich in der Unsicherheit bezüglich der Kontinuität der eigenen Biographie und der Individualität.

Eine weitere mögliche schizophrene Ausdrucksform ist der *Autismus*, entsprechend einem völligen Rückzug in das Innerste mit Weltabgewandtheit und Abkapselung bis hin zu Mutismus (beharrlichem Schweigen) und Stupor (Handlungsunfähigkeit), also einer fehlenden Kontaktfähigkeit bei gleichzeitig extrem erhöhter und vom Patienten schmerzhaft empfundener Durchlässigkeit und schutzloser Empfindsamkeit.

Die *gestörte Affektivität* (der vorherrschende Gefühlszustand) kann geprägt sein von depressiv-trauriger Stimmungslage (Depression kann als primäres, krankheitsimmanentes Symptom, aber auch als sekundäres, reaktives Symptom auftreten) oder manisch-gereizter und mürrisch-aggressiver Note, der Schizophrene kann ratlos, gefühlsverarmt, verloren, entrückt wirken oder hilflos bis panisch ängstlich. Der Affekt kann labil und rasch wechselnd sein, unberechenbar aufbrausend oder völlig unpassend inadäquat und drückt oft Ambivalenz aus; Angst und Freude, Vertrauen und Misstrauen, Anlehnungsbedürftigkeit und aggressive Ablehnung wechseln sich auch im Stimmungsbild ab und machen einen Teil der erschwerten Einfühlbarkeit aus, drücken aber zugleich auch den den Schizophrenen beschäftigenden, meist unbewussten Konflikt aus.

Ein wichtiges **akzessorisches Symptom** ist der *Wahn*, der meist paranoider Prägung ist. Personen-, Realitäts- und Situationsverkennung sind typisch, und es fehlt die sogenannte Überstiegsfähigkeit. Das unbedingte und unkorrigierbare Festhalten an der veränderten Wahrnehmung ohne jegliche Einsicht und Kompromissbereitschaft beeindruckt immer wieder, der Wahn hat wohl eine äußerst wichtige, integrierende, angstbindende Funktion. Das Wahnerleben, eingeleitet meist von einer ängstlich gespannten Wahnstimmung (Trema), kann von *Halluzinationen* begleitet sein. Stimmenhören, optische Halluzinationen, Geruchs-, Geschmackshalluzinationen und Körpermissempfindungen (Coenästhesien) sind meist angstauslösend, äußerst bedrohlich und unangenehm, nur selten werden sie lustvoll erlebt. *Katatone Symptome* (Störung von Antrieb und Motorik) können sich auf zwei Arten äußern: Stupor, Mutismus, Sperrung, Abulie, massive Antriebsstörung bis hin zur seltenen Katalepsie, bei der sich der Patient passiv in verschiedene Stellungen biegen lässt (Flexibilitas caerea) oder psychomotorische Unruhe bis zu katatonen Erregungszuständen mit Aggressivität, Bewegungsstereotypien und raptusartigen Impulsdurchbrüchen. Die Maximalvariante der katatonen Symptomatik ist die sehr seltene perniziöse Katatonie.

Dieser Symptomkatalog ist nun unterschiedlich ausgeprägt; es gibt große interindividuelle Unterschiede, aber auch im Verlauf können intraindividuelle Unterschiede auftauchen. Je nach Vorherrschen der einzelnen Symptome unterscheidet man im DSM-IV folgende **Schizophrenie-Subtypen.** Den *paranoiden Typus* mit Vorherrschen von Wahn und meist akustischen Halluzinationen, den *desorganisierten Typus* mit Überwiegen desorganisierten Verhaltens und Sprechens sowie verflachtem oder inadäquatem Affekt, den in unseren Breiten immer seltener werdenden *katatonen Typus* mit vorwiegend gestörter Motorik und gestörtem Antrieb, den *undifferenzierten Typus* ohne Überwiegen eines bestimmten Symptoms und schließlich den *residualen Typus* ohne aktuelle, floride Symptomatik aber sozialer Isolation, Einbußen im psychosozialen Bereich und Verarmung im Affekt und Denken sowie auffällig desorganisiertem Verhalten und Sprechen.

Weggefallen in der Nomenklatur des DSM sind nach und nach die coenästhetische Form – im ICD unter „sonstige Schizophrenien" gereiht –, geprägt von vorwiegend Körpermissempfindungen, die Schizophasie mit dem Sprachzerfall und der Sprachverwirrtheit im Mittelpunkt, die hebephrene Form – im ICD-10 im Gegensatz zum DSM noch als eigene Entität enthalten – mit frühem Beginn, Enthemmung, affektiver Verflachung, ungünstigem Verlauf und desorganiertem Verhalten, die heute im DSM dem desorganierten Typus entspricht, und die Schizophrenia simplex – auch im ICD-10 noch enthalten –, entsprechend dem undifferenzierten Typus, also eine Schizophrenie, die langsam, chronisch progredient, ohne akute Exazerbation, ohne akzessorische Symptome in einen Residualzustand einmündet. Die Unterscheidung von einer Persönlichkeitsstörung kann dann schwer sein.

Noch einmal zurück zu den beschriebenen Symptomen. Überwiegen „laute, schrille" Symptome wie Halluzinationen oder Wahn und Denkstörungen, so spricht man von **Plus-Symptomatik**, sie prägen meist die akuten Formen der Schizophrenie (Typ-I-Schizophrenie); überwiegen Kommunikationsstörung, affektive Verflachung, sozialer Rückzug und Antriebsmangel, so spricht man von **Minus-Symptomatik** beziehungsweise Typ-II-Schizophrenie, naturgemäß eher beim residualen Typus anzutreffen. Die Negativsymptomatik spricht in viel geringerem Ausmaß auf Medikamente an und wird und wurde oft auch als Folge von Hospitalisation und sozialer Deprivation interpretiert.

Welche Krankheitsmodelle gibt es nun in der Psychiatrie, wie stellt man sich die Entstehung schizophrener Erkrankungen vor?

Krankheiten werden heute weitgehend nach dem **bio-psycho-sozialen Krankheitsmodell** verstanden. Biologische, psychische und soziale Faktoren ergänzen sich zum Gesamtbild der Erkrankung, auf allen drei Ebenen spielt sich das subjektive Krankheitserleben ab, alle drei Ebenen sind primär oder sekundär betroffen, dem Kranken muss daher auch auf diesen drei Ebenen begegnet werden.

So gibt es nun auch bei der Schizophrenie ein bio-psycho-soziales Krankheitsmodell, das diesen drei Aspekten des Krankheitsverständnisses Rechnung trägt. Eine schöne Zusammenfassung formulierte L. Ciompi 1982:

„Einerseits genetisch-organisch biochemische und andererseits psycho- und soziogene Faktorenbündel führen in wechselnder Kombination zu verletzlichen, prämorbiden Persönlichkeiten, welche dazu neigen, auf Belastungen überdurchschnittlich stark mit Spannung, Angst, Verwirrung, Denkstörungen, Derealisations- und Depersonalisationserlebnissen zu reagieren. Nach (einer oder mehreren) akut-psychotischen Phasen ist die weitere Entwicklung in Wechselwirkung mit der Ausgangspersönlichkeit wahrscheinlich vorwiegend durch psychosoziale Faktoren bestimmt, woraus die enorme Vielfalt der Verläufe zwischen völliger Heilung, Residualzuständen verschiedenen Ausmaßes und schwerster Chronifizierung resultiert." (hier zitiert nach Dörner/Plog 1992, 152 f.)

Biologische Faktoren sind:

Genetische Faktoren. Bisher gibt es noch kein sicheres Ergebnis bezüglich genetischer Marker oder gar einer bestimmten Genmutation. Weiterhin wird nicht zuletzt wegen der Ergebnisse der Zwillingsforschung und Adoptionsstudien und der Tatsache des familiär gehäuften Auftretens der Schizophrenie eine teilweise genetische Mitverursachung oder Basis bei der Schizophrenie angenommen. Diese Zwillingsforschungsergebnisse werden sehr kontroversiell diskutiert, für die einen, wohl eher biologisch orientierten Behandler klarer Beweis für Vererbung, für die psychodynamisch oder entwicklungspsychologisch Orientierten liefern sie hingegen Argumente für die Bedeutung der Sozialisation und des Milieus. Adoptionsstudien zeigen, dass das Vorliegen von Schizophrenie bei den leiblichen Eltern, nicht hingegen bei den Adoptiveltern, das Schizophrenierisiko deutlich erhöht. Bei eineiigen Zwillingen findet sich, trotz erheblicher Diskordanzraten, je nach Studie ein wesentlich höheres, mindestens doppelt so hohes Erkrankungsrisiko als bei zweieiigen Zwillingen. Eine hereditäre Störanfälligkeit am ehesten im Sinne einer polygenen Vererbung wird daher angenommen.

Schizophrene seien vom *Körperbau* her meist dem Typus der Leptosomen zuzuordnen, ist in älteren Lehrbüchern zu lesen. Neuere Studien ergeben jedoch keinen Zusammenhang zwischen Konstitution und bestimmten Psychosen.

Folgen ererbter und/oder frühkindlich erworbener Hirnschäden könnten bei der Schizophrenie eine Rolle spielen. Eine Häufung überwiegend leichter Schwangerschafts- und Geburtskomplikationen konnte nachgewiesen werden. Einerseits weisen schizophrene Patienten manchmal „soft neurological signs" auf, das heißt, sie bieten in der neurologischen Untersuchung Bewegungs- und Koordinationsstörungen. Andererseits ist es naheliegend anzunehmen und zum Teil durch Studien belegt, dass minimale zerebrale Dysfunktionen, zum Beispiel Symptomenkomplexe des frühkindlichen organischen Psychosyndroms wie selektive Wahrnehmungsstörungen, Aufmerksamkeitsstörungen, verspäteter Spracherwerb, Gedächtnisstörungen, eine erniedrigte Reizschwelle oder andere Teilleistungsstörungen vor allem auch im Bereich Kommunikation und sozialem Verhalten, die man durch neuropsychologische Verfahren untersuchen kann, sich nicht plötzlich „auswachsen", sondern bei der Psychosenentwicklung sich gerade in Stresssituationen oder belastenden Lebensphasen auf den Erhalt des Realitätsbezuges negativ auswirken. Diese Faktoren prägen also nicht nur den prämorbiden Charakter, sondern erhöhen auch die Vulnerabilität.

In diesem Zusammenhang soll das „Two-Hit-Modell" der Schizophrenie erwähnt werden. Basierend auf der erhöhten, genetisch bedingten oder früh erworbenen Sensibilität und Vulnerabilität können spätere Belastungen, Stressoren oder Traumata als „Second Hit" zum Ausbruch der Erkrankung führen.

Morphologische mikro- oder makroskopische, bildgebende Untersuchungen, evozierte Potentiale oder das Elektroenzephalogramm ergaben zwar bei Schizophrenen interessante Befunde, zum Beispiel gewisse strukturelle Abweichungen des Zentralnervensystems, aber noch keine wirklich stichhaltigen Beweise für Zusammenhänge von Morphologie oder Funktion und Symptomatik. Bei chronisch progredientem Verlauf über Jahre können jedoch bei einer Subgruppe der Betroffenen hirnmorphologische Veränderungen festgestellt werden, über deren Ursachen sehr kontroversiell diskutiert wird.

Auf mikroskopischer Ebene entsprechen den oben erwähnten neurologischen und neuropsychologischen Auffälligkeiten Reifungsstörungen in der frühen Hirnentwicklung, deren Ursachen Gegenstand vieler Forschungsprojekte sind.

Transmittersysteme und deren Dysfunktion spielen ebenfalls als Erklärungsansätze eine sehr große Rolle, denn dort spielen sich ja die Wirkungen der Medikamente ab. Während früher Neuroleptika als „dirty drugs" noch eine Vielzahl von Transmittersystemen beeinflussten und daher auch viele unangenehme Nebenwirkungen hatten, konzentriert sich die Wirkung der modernen, atypischen Neuroleptika (Antipsychotika) auf bestimmte Dopaminrezeptoren des limbischen Systems und des Cortex. Antipsychotika als Dopaminantagonisten, so die Hypothese, greifen auf mehreren Ebenen in das komplexe Steuerungssystem dieses Botenstoffes ein. Ob nun das vermutete und aus der Medikamentenwirkung rückgeschlossene Dopaminungleichgewicht beziehungsweise Ungleichgewicht in der Dopaminrezeptorverteilung mesolimbischer zu mesocorticaler Strukturen genetisch bedingt ist oder die Auslenkung dieses bestimmten Transmittersystems sekundär als gemeinsame Endstrecke und biologisches Korrelat psychosozialer Faktoren als Resultat einer Dauerbelastung zu verstehen ist, ist noch ungeklärt. Die Schizophrenie kann jedenfalls als Dysfunktion des limbischen Systems angesehen werden. Für die Positivsymptomatik wird eine Überaktivität des mesolimbischen dopaminergen Systems verantwortlich gemacht, für die Negativsymptomatik eine Hypoaktivität des mesokortikalen dopaminergen Systems. Neben dem Dopaminsystem wird auch das glutaminerge, GABAerge und serotonerge System genauer untersucht. Es scheint wenig plausibel, dass Antipsychotika spezifisch auf die hochkomplizierten innerpsychischen Vorgänge wirken, es kommt wohl eher noch immer zu einer sehr breiten chemischen Blockierung hauptsächlich im limbischen System, dadurch zu einer beruhigenden Dämpfung emotionaler und kognitiver Binnenwahrnehmung und Filterung externer Reize, wodurch sich auch die psychotische, insbesondere produktive Symptomatik verringern dürfte.

Andere Hypothesen, zum Beispiel der Versuch, die Schizophrenie auf immunologischem Boden (Stichwort: Allergie, Vaskulitis) oder als Folge einer eventuell bereits intrauterinen Viruserkrankung zu erklären, seien hier der Vollständigkeit halber erwähnt. Eine verminderte Aktivität des Stirnhirns bildet den Kern der sogenannten Hypofrontalitätshypothese. Eine weitere Hypothese beschäftigt sich mit der Idee der Hemisphärendysharmonie. Auch die Tatsache, dass organische (symptomatische) Psychosen (verursacht durch zum Beispiel Hirnverletzungen, Entzündungen des Zentralnervensystems, Intoxikationen oder Stoffwechselerkrankungen) schizophreniform imponieren können, wird als weiterer Beweis für die Somatogenese gewertet. Aufgrund des durchschnittlich späteren Erkrankungsalters von Frauen, dem etwas günstigeren Verlauf bei Frauen und einem zweiten Erkrankungsgipfel nach der Menopause existiert die durch Tierversuche untermauerte Hypothese eines hormonellen Protektionsfaktors (Östrogene). Bei der Neurotoxizitätshypothese wird davon ausgegangen, dass während der akut-psychotischen Phase neurotoxische Prozesse auftreten, die, je länger sie andauern, hirnmorphologische Veränderungen, schlechteres Ansprechen auf die Therapie und dauerhafte, klinische Folgeschäden verursachen können.

Psychische Faktoren sind:

Psychoreaktive Auslösesituationen. Life-events spielen als Auslösung für eine Schizophrenie scheinbar eine große Rolle. Belastende Erlebnisse, Konflikte in Partnerschaft und Familie oder starke Gefühle in den zwischenmenschlichen Beziehungen, belastende Lebenssituationen oder Traumata sind vor Ausbruch der Psychose oder vor einer neuerlichen Exazerbation bei einem großen Teil der Patienten zu finden. Sie überfordern das Adaptationsvermögen, die Ressourcen und Schutzfaktoren des Patienten, der eine erhöhte, angeborene oder erworbene Verletzlichkeit und Empfindsamkeit aufweist (Stichwort: Vulnerabilitäts-Stress-Modell von Zubin). Die Häufung von life-events ist jedoch auch vor Ausbruch depressiver Erkrankungen zu beobachten. Aufgrund der gestörten Kommunikation während der akuten Psychose, der dadurch erschwerten Anamnese und der oft sehr subjektiven Bewertung von Ereignissen sind diese Auslöser aber nur schwer zu eruieren. In diesem Zusammenhang spielt die psychotherapeutische Nachbearbeitung nach der floriden Phase daher eine ganz wichtige Rolle, um mit dem Patienten ein gemeinsames Krankheitsmodell und präventive Strategien zu entwickeln. Ebenso wichtig ist es die Erkrankung selbst, insbesondere Ereignisse in der Akutphase, zu besprechen, um dem Patienten so das Wiederanknüpfen an der wiedererlangten Normalität zu erleichtern.

Psychodynamische Aspekte. Hier gibt es die wohl interessantesten Theorien und Erklärungsmodelle im psychoanalytisch orientierten Krankheitsverständnis. Diesen will ich ein eigenes Kapitel widmen.

Psychosoziale Aspekte. Die Familie und das weitere soziale Umfeld waren schon immer im Blickpunkt der Schizophrenieforschung. In diesem Zusammenhang interessieren vor allem die Ergebnisse der Familienforschung und der Familientherapie. Auch diese will ich in einem eigenen Kapitel zusammenfassen.

Prämorbide Persönlichkeit. Prämorbid, oft schon als Kind, neigt der später schizophrene Mensch zu sozialer Isolation, Rückzug und emotionaler Instabilität. Er ist Einzelgänger, introvertiert, sozial ängstlich, oft bizarr im

Denken und Verhalten. Wie ich später zu zeigen versuchen werde, glaube ich, dass bereits die prämorbide Persönlichkeit in einem innerpsychischen Konflikt, in einer verhärteten Bipolarität erstarrt ist, was ihre ausgesprochene Vulnerabilität und bei Überschreiten eines Schwellenwertes das Kippen in die Psychose erklären helfen kann.

Soziale Faktoren sind:

Soziodemographische Daten geben Auskunft über Verteilung der Schizophrenie bezüglich Alter, Geschlecht, Zivilstand und so weiter. Aus den Ergebnissen der Epidemiologie werden dann oft Rückschlüsse auf Risikofaktoren gezogen. Auch diese Schlüsse werden kontroversiell diskutiert. Ein paar Zahlen: Im Jahr treten unter 100 000 Erwachsenen 10–20 Neuerkrankungen auf (Inzidenz). Durchschnittlich 0,2–0,4 % der Bevölkerung sind zu einem bestimmten Zeitpunkt an Schizophrenie erkrankt (Punktprävalenz), rund 1 % der Bevölkerung erkranken im Laufe ihres Lebens an Schizophrenie (Lebenszeitprävalenz). Allein in Österreich leiden daher schätzungsweise 80 000 Menschen an Schizophrenie, weltweit sind es 45 Millionen. Mit ungefähr 1 200 Neuerkrankungen ist pro Jahr in Österreich zu rechnen. Die Schizophrenie zählt zu den zehn am häufigsten zur Behinderung führenden Erkrankungen im Alter von 15–44 Jahren. Die jährlichen indirekten und direkten Kosten werden für Deutschland mit 4 bis 9 Milliarden Euro angegeben, für Österreich gibt es keine vergleichbaren Berechnungen. Es gibt keine wesentlichen Geschlechtsunterschiede bezüglich Häufigkeit. Das Erkrankungsalter liegt meist zwischen dem 15. und 30. Lebensjahr mit einem Gipfel um das 21. Lebensjahr bei Männern, bei Frauen, wie bereits erwähnt, durchschnittlich um drei bis fünf Jahre später. Der ersten psychotischen Episode gehen jedoch im Mittel fünf Jahre unspezifische und negative Symptome voraus! Erkrankungen nach dem 40. Lebensjahr werden als Spätschizophrenien bezeichnet. Zur Prognose nochmals eine sehr grobe Richtlinie: Bei einem Drittel der Ersterkrankten heilt die Erkrankung aus, ein weiteres Drittel lebt aufgrund von Rückfällen mit Beeinträchtigungen im privaten und beruflichen Bereich, ein Drittel benötigt langfristige Betreuung durch Ausbildung eines Residualzustandes. 1 % der Schizophrenien betreffen Kinder vor dem 10. Lebensjahr. Die Verbrechensquote und der Zusammenhang zwischen

Schizophrenie und Gewalttätigkeit werden heftig diskutiert. Einige Studien ergaben, dass die Verbrechensquote, entgegen der öffentlichen Meinung, nicht über dem Bevölkerungsdurchschnitt liegt. Andere Studien zeigen einen geringen, aber doch signifikanten Zusammenhang zwischen Schizophrenie und Gewalttätigkeit. Bei ungefähr 5–10 % der Patienten kommt es zu Gewalttätigkeit, wobei sich das Risiko erhöht, wenn eine paranoide Schizophrenie vorliegt, wenn der Patient ein akutes Krankheitsstadium durchmacht, die medikamentöse Compliance nicht gegeben ist, der Patient zusätzlich Drogen oder Alkohol missbraucht und bereits früher einmal gewalttätig war. 4–10 % der Schizophrenen begehen Selbstmord, sie stellen also eine Hochrisikogruppe dar! Schizophrene verwenden häufig Alkohol, Nikotin oder Drogen zur Affektregulation oder Selbstmedikation, sie haben ein gegenüber der Normalbevölkerung mehrfach erhöhtes Risiko eine Suchterkrankung zu entwickeln, was sich prognostisch sehr ungünstig auswirkt. Drogen und Alkohol induzieren Ersterkrankungen, verursachen Rückfalle, Nikotin senkt den Blutspiegel der Antipsychotika.

Sozioökonomische Faktoren diskutieren Aspekte wie Schichtzugehörigkeit und Krankheitsverhalten, Inanspruchnahme ärztlicher Hilfe, Verteilung schizophrener Erkrankungen nach Schichtzugehörigkeit und so weiter. So kommen schizophrene Erkrankungen in den untersten sozialen Schichten häufiger vor als in den übrigen Schichten, was mit dem krankheitsbedingten sozialen Drift zu erklären ist. Es sind häufiger ledige Menschen betroffen, und schizophrene Menschen leben häufiger in Stadtkernen als in Vorstädten. Zu beachten ist, dass das frühe Auftreten der Erkrankung, die Tatsache, dass die schizophrenen Prodromi bis zu fünf Jahre vor der ersten Hospitalisation zu beobachten sind und die bereits beschriebenen Merkmale des prämorbiden Charakters gemeinsam einen wesentlichen hemmenden Einfluss auf die Entwicklungs- und Entfaltungsmöglichkeiten und damit natürlich auch auf den sozialen Aufstieg des schizophrenen Menschen haben.

Transkulturelle Studien ergaben weitgehend Übereinstimmungen bezüglich Erkrankungsalter und Häufigkeit. Unterschiede gibt es jedoch bezüglich der prozentuellen Verteilung der verschiedenen Formen der Schizophrenie, hier spielen also soziokulturelle Aspekte eine große Rolle. Der prozentuelle Anteil der Menschen mit katatoner Schizophrenie an der Gesamtzahl schizophrener Erkrankungen wird zum Beispiel in unseren Breiten immer geringer, beträgt im Gegensatz zu Zahlen aus den Entwicklungsländern (10,3%) in unseren Breiten nur 1,2%.

Im Zusammenhang mit den sozialen Aspekten der Schizophrenie muss auch die *Leidensgeschichte der schizophrenen Patienten* in der Vergangenheit erwähnt werden. Wohl keine Krankheitsentität hat so viel Unverständnis und aggressive Gegenübertragungsimpulse ausgelöst. Die Geschichte der Schizophrenie ist auch eine Geschichte von Marginalisierung, Asylierung, Deportation, Zwangssterilisation, Tötung, Behandlung mit menschenverachtenden Zwangsmaßnahmen und so weiter. Es wird wohl noch lange dauern, bis die Folgen des menschenverachtenden Umgangs mit hilflosen Kranken, die Stigmatisierung der Familien und der Verrat an jeglicher Kultur insbesondere während des nationalsozialistischen Regimes verarbeitet sein werden.

Aus all diesen Faktoren kann nun noch einmal ein **bio-psycho-soziales Krankheitsmodell** für die Schizophrenie formuliert werden: Aufgrund angenommener genetischer Faktoren, allfälliger hirnorganischer (Reifungs-) Störungen und mannigfaltiger psychosozialer Einflüsse vor allem in der Kindheit besteht bei einem Individuum eine erhöhte Verletzlichkeit (Vulnerabilität). Durch zusätzliche belastende Lebensereignisse seelischer Art, hier spielt zusätzlich zur Art der Ereignisse die intraindividuelle Bewertung eine Rolle, wird psychoreaktiv oder psychodynamisch bedingt diese Vulnerabilitätsschwelle überschritten, und schizophrenes Denken, Handeln und Fühlen entsteht. Großteils unbekannt sind noch die intermediären Prozesse, die dynamischen Interaktionen zwischen den biologischen, psychologischen und sozialen Krankheitsbedingungen, diese Interdependenzen sind bisher weitgehend unerforscht.

Eine besonders kritische Lebensphase stellt natürlich die Phase der Pubertät dar, die auf mehreren Ebenen eine Phase besonderer Beanspruchung für das Individuum ist. Körperliche Veränderungen müssen in das bestehende Körperschema integriert werden, hormonell bedingt steigt das Triebenergieniveau, daneben besteht der familiäre, gesellschaftliche aber auch individuelle Auftrag zu Selbstentfaltung und Verselbständigung. Je nach Grundausstattung ist ein Individuum in unterschiedlichem Ausmaß in der Lage, diesen Reifungsauftrag zu vollziehen oder an der Ambivalenz, die diese Entwicklungsphase in sich birgt, zu scheitern. Der Hauptkonflikt, den gerade die Pubertät im Individuum bewirkt, Autonomie versus Bindung, drückt sich dann, wie ich später noch zeigen will, in verdeckt symbolischer Weise in der individuellen Symptomatik aus.

In diesem Zusammenhang will ich kurz ein weiteres mich beschäftigendes Detail erwähnen. In den meisten mir bekannten und vorliegenden Broschüren und Ratgebern für Betroffene und deren Familien ist von diesen vielfältigen Ursachen und Faktorenbündel nicht viel zu lesen. Neben der Vererbung, die immer als erstes erwähnt wird, werden nur wenige andere Faktoren behandelt. Diese Broschüren spiegeln meines Erachtens die Gewichtung der auslösenden Faktoren im psychiatrischen Denken wider: Vererbung, Störungen im Transmittersystem, erblich oder organisch bedingte erhöhte Vulnerabilität, Stressanfälligkeit. Auch die Unterlagen zur Psychoedukation bringen keinen neuen Aspekt, kaum Hinweise auf das bereits seit Jahrzehnten bestehende – zugegeben nur in geringem Ausmaß durch Studien belegte – Wissen um Psychodynamik und Familienforschung zum Thema Schizophrenie. Die Bereiche ohne Konfliktpotential, fast ausschließlich die biologische Dimension, werden erwähnt. Deutet das auf Konfliktscheu, fehlendes psychotherapeutisches Engagement, Verleugnung als psychosozialen Modus noch immer verbreitet unter den Behandlern hin?

Ganz im Gegensatz dazu stehen die Krankheitsmodelle der Betroffenen und Angehörigen, wie sie sie in ihren Büchern (siehe Leseliste) präsentieren, oder die Ergebnisse von Langzeittherapien. Auch in direkten Befragungen von Angehörigen und Betroffenen zur Ursache der Schizophrenie werden immer chronisch belastete innerfamiliäre Beziehungen, Traumatisierungen, pathologische Kommunikations- und Interaktionsformen erwähnt, verbunden mit den Gefühlen von Einsamkeit, Unverständnis und Beziehungslosigkeit.

Die Defizittheorien der Behandler stehen also den psychoreaktiv und psychodynamisch getönten Theorien der Betroffenen gegenüber.

Zur Therapie:

Diese kann nur dann dem Patienten wirklich helfen, wenn sie sich wieder am bio-psycho-sozialen Krankheitsmodell orientiert. Eine exakte Anamnese und körperliche Untersuchung inklusive apparativer Diagnostik, Ausschluss von Differenzialdiagnosen, neuropsychologische Testung, Behandlung von Begleiterkrankungen und schließlich die medikamentöse Therapie tragen der biologischen Ebene Rechnung. Komplementäre medizinische Ansätze und Physiotherapie sind ebenso zu erwähnen.

Bezüglich der psychischen Komponente sind alle Formen der Psychotherapie anzuführen, daneben Bezugspflege, Ergotherapie, Psychoedukation, Angehörigen- und Selbsthilfegruppen, Soziotherapie und schließlich Milieutherapie, sozialarbeiterische Unterstützung oder (gemeindenahe) sozialpsychiatrische Versorgung mit all ihren Angeboten (inklusive Arbeits- und Wohnungsvermittlung), Angehörigenbetreuung und -schulung für die soziale Krankheitsdimension. In diesem Zusammenhang ist zu erwähnen, dass die Betreuung eines schizophrenen Familienmitgliedes für die Angehörigen einen oft unglaublichen Stress darstellt und damit auch ein erhöhtes Gesundheitsrisiko mit sich bringt.

Ob der Patient nun hospitalisiert werden muss, oder eine Behandlung vor Ort oder ambulant möglich ist, ob und welche Medikamente notwendig sind, welche Form der Psychotherapie oder welches kognitive Training zu welchem Zeitpunkt der Erkrankung die geeignete ist, ob der Patient durch ein case-management in der Erkennung und Befriedigung seiner Bedürfnisse begleitet wird, nur in Akutphasen vom Krisendienst besucht wird, in einem weichen Zimmer (Stichwort: Soteria) betreut wird oder gegen seinen Willen auf einer geschlossenen Station untergebracht werden muss, ob er besachwaltet werden muss oder nachbetreut wird, allein oder unter Einbeziehung der ganzen Familie, darüber entscheidet der jeweilige Verlauf, hier kann es kein Rezept geben. Ein kreativer Therapieansatz inkludiert auch Öffentlichkeitsarbeit zur Entstigmatisierung und setzt sich unter Berücksichtigung der individuellen Besonderheiten und insbesondere des eigenen Krankheitsmodells des Patienten aus all diesen Möglichkeiten auf die individuellen Bedürfnisse des Patienten und mit ihm abgestimmt zusammen.

Nochmals sei aber auf die Bedeutung der Medikamente und hier insbesondere auch der modernen atypischen Neuroleptika (Antipsychotika), nicht nur in der akuten Krankheitsphase, sondern auch zur Prophylaxe hingewiesen. 75% der Patienten ohne antipsychotische Therapie erleiden einen Rückfall, aber nur ungefähr 20% der Patienten mit Antipsychotika-Schutz. Aufgrund des sehr günstigen Wirkungsprofils neuer, atypischer Neuroleptika bei nur mehr geringen Nebenwirkungen, ist zu erwarten, dass die Compliance weiter steigen und damit die Rückfallhäufigkeit abnehmen wird.

Für die Zukunft zeichnen sich bereits sehr interessante Szenarien ab. Basierend auf dem inzwischen sehr großen Wissen um die bereits klar herausgearbeiteten Risikofaktoren, den Ergebnissen epidemiologischer Studien, den Verlaufsformen und der besonderen Vulnerabilität werden bereits Frühinterventionsprogramme und Präventivmaßnahmen für potentiell schizophrene Menschen erarbeitet. Angestrebtes Ziel ist eine möglichst früh einsetzende (medikamentöse) Behandlung. Von der Verkürzung der DUP (Dauer der unbehandelten Psychose) wird in vielen Bereichen eine Verbesserung der Prognose erwartet. Ein wichtiger Nebeneffekt wäre auch die Entlastung der Angehörigen.

Da die Ereignisse der Akutphase mit dem oft massiv und beängstigend veränderten Selbst- und Objekterleben ein potentielles psychisches Trauma darstellen können, möchte ich nochmals auf die Wichtigkeit der Nachbearbeitung dieser Krankheitsphase hinweisen.

Herr M.

Eine Begegnung in Postkarten

Zur Vorgeschichte:

Schon lange gab es in unserer Prophetenteammappe eine kurze Beschreibung von einem Herrn M., einem damals noch nicht 40-jährigen Mann, den aber scheinbar niemand zu übernehmen Lust hatte. Er wohnte in einem kleinen, 12 qm Zimmerchen in einem Haus hinter einem Gasthof. Das Haus ist bekannt als Absteige für völlig entwurzelte Menschen, chronische Alkoholiker, Langzeitarbeitslose, chronisch psychisch Kranke, Drogenabhängige, Untergetauchte und Gestrandete. Es hat ungefähr zwanzig Zimmer, zwei Garconnieren, ist heruntergekommen und desolat und bekannt bei Rettung, Polizei und Krisendienst. Ein Ort des sozialen und psychischen Elends.

Im ersten Zimmerchen gleich rechts wohnte nun Herr M. und sein Dasein wurde von denjenigen aus dem Krisendienstteam, die ihn dort aus welchem Grund auch immer besuchten, in den tristesten Worten geschildert. Ein feuchter Raum, angeräumt mit Plastiksäcken voller Zeitungen, muffig, die Wände bis zur Decke dick mit blaugrauem Schimmel überzogen, der Boden oft Zentimeter hoch unter Wasser. Im Zimmer ein circa 40-jähriger hagerer Mann, mager, verwahrlost, in verschmutzten Kleidern, der sich oft gerade bei seiner Kochplatte zu schaffen machte, häufig alkoholisiert war und das Fernsehen auf volle Lautstärke gedreht hatte, daneben lief das Radio nicht minder laut. Dieser Lärm war auch meist der Grund für die Einsätze, Nachbarn riss die Geduld, beschimpften ihren lauten Nachbarn, klopften an seine Tür, traten schließlich dagegen und verständigten, da Herr M. sich nicht rührte, die Polizei und Rettung. Besonders häufig gab es Konflikte mit einem Nachbarn, Herrn K. Meist wurde dann wieder von der Exekutive der Krisendienst gerufen. Doch es gab für uns nicht viel zu tun. Ein Gespräch mit dem gehetzt um sich blickenden, wortkargen Mann war meist nicht möglich. Fremd- oder Selbstgefährdung lag nicht vor, so dass wir oft nach einem beruhigenden Gespräch wieder von dannen ziehen mussten, bis wir bei der nächsten Eskalation wieder gerufen wurden.

Ein paar Details der Vorgeschichte erfuhr ich noch, bevor ich mich schließlich entschloss, den Patienten zu übernehmen. Er sei schon mehrere Male im Krankenhaus gewesen, sei wohl auch alkoholkrank aber hauptsächlich chronisch psychotisch, hätte wegen massiver innerfamiliärer Konflikte sein Elternhaus verlassen müssen und sei besachwaltet.

Das war nun ungefähr mein Wissensstand, bevor ich Herrn M. das erste Mal aufsuchte. In der Teamsitzung vorher hatten wir eine vorsichtige Kontaktaufnahme, kurze Gespräche und vor allem die regelmäßige Verabreichung eines Depotneuroleptikums als Ziele deklariert. Die Erwartungen an mich waren eher gering, ein Scheitern meiner Bemühungen wurde als fast sicher angenommen.

Ich fuhr nun, nachdem bereits von anderen Krisendientmitarbeitern zwei Mal das Depotneuroleptikum verabreicht wurde, im Februar 97 das erste Mal zu Herrn M. Der Leser mag sich vorstellen, was alles in mir vorging, was ich erwartete, welche Ängste und Befürchtungen ich hatte, welche Phantasien mich bewegten. Meine „Gegenübertragung" war sehr lebhaft und intensiv.

Der erste Besuch verlief unspektakulär, wider Erwarten gelang es gleich beim ersten Mal, Herrn M. zu Hause anzutreffen, er wirkte etwas erstaunt, war sehr wortkarg, das Zimmer nicht so verwahrlost wie erwartet, sondern frisch ausgemalen, noch sehr nach Schimmelschutzfarbe riechend, Herr M. beschäftigt, Würstchen im Topf auf einem Kocher zum Kochen zu bringen, daneben ein Fernseher in moderater Lautstärke, den Herr M. auf meinen Wunsch hin abstellte, dann war erst das gleichzeitig laufende Radio zu hören. Herr M. war sehr still, sprach nur in halben Sätzen, schaute oft ängstlich um sich, öffnete einmal die Tür, um auch den Gang zu inspizieren, dann stellte ich mich ausführlich vor, erzählte ihm von meinem Ansinnen, einmal im Monat zu ihm zu kommen, um zu sehen, ob es ihm gut gehe, er etwas brauche, um auch ein kurzes Gespräch mit ihm zu führen. Ich erwähnte auch die Spritze, die ich ihm, wenn er einverstanden sei, monatlich verabreichen würde. Er willigte zu meiner Überraschung ein, ich gab ihm die Spritze und sprach noch kurz mit ihm. Beim Nachhausefahren beschloss ich, die Verabreichung der Spritze zu delegieren, ich hatte das Gefühl, wenn ich dies selber weiter machen würde, würde das die Kontaktaufnahme zu Herrn M. erschweren. Der erste Kontakt schien meines Erachtens recht geglückt.

Ab diesem Zeitpunkt fuhr ich einmal im Monat zu Herrn M., oft traf ich ihn nicht an, kam dann am nächsten Tag wieder, wir führten ein meist nur sehr kurzes Gespräch, fuhren dann ins Krankenhaus, wo Herr M. die Depotinjektion erhielt, und ich brachte ihn zurück. Ich unterrichtete seine Sachwalterin in großen Abständen von meinen Interventionen, und so vergingen die Monate.

Herr M. schreibt regelmäßig Postkarten an Leute, die ihm etwas bedeuten, so an den Vorstand unserer Abteilung, an Ärzte und Psychologen, Krankenschwestern und Pfleger, die ihn während seiner vielen Aufenthalte betreuten. Im Frühling 97 begann nun Herr M. mir Postkarten zu schreiben, und inzwischen habe ich an die zweihundert Postkarten von ihm erhalten, die viel besser als alle Beschreibungen die Veränderungen wiedergeben, die Herr M. aufgrund meiner minimalen Interventionen erlebte. Vorher möchte ich aber noch Herrn Ms. bisherigen Lebenslauf schildern.

Zur Biographie:

Mein neuer Klient, Herr M., wuchs in einem zweisprachigen, kleinen Dorf an einem See in Unterkärnten auf, besuchte dort auch die Volksschule und die Hauptschule und machte schließlich eine Tischlerlehre. Dieser Beruf war aber nicht Wunsch des Patienten, sondern der Vater, in der Krankengeschichte immer als sehr autoritär und auch zum Teil gewalttätig beschrieben, zwang seinen Sohn, diesen Beruf zu erlernen. Die Familie des Patienten lebte von einer Frühstückspension, im Sommer wurden Zimmer an Gäste vermietet, und von einer kleinen Landwirtschaft, die der Patient später als Erstgeborener einmal erben sollte. Neben der Mutter, die als still, zurückhaltend und kränklich beschrieben wird, lebten im Haus noch ein Bruder des Patienten, der heute der Hofbesitzer ist, und zwei Schwestern, die eine arbeitet als Psychologin in Graz, eine zweite lebt seit Jahren mit Familie in Holland. Spät erst erfuhr ich von einem weiteren, inzwischen auch weggezogenen Bruder.

Nach der nicht bestandenen Gesellenprüfung arbeitete der Patient kurz in München, später zog er nach Innsbruck, wo er fast zwei Jahre lebte und in einer Druckerei arbeitete. Von diesem Aufenthalt in Tirol sei, laut Angaben der Angehörigen, der Patient 1979 ganz verändert zurück gekommen, er sei eigenbrötlerisch geworden, in sich gekehrt, hätte sich oft lange die Hände waschen und viele Male am Tag die Zähne putzen müssen und hätte zunehmend auch andere Zwangsrituale entwickelt. Zwischendurch fühlte er sich verfolgt, der Satan sei in ihm, hätte er einmal zu seinen Verwandten gesagt, und er fühlte sich gezwungen, sich diesen Satan durch autoaggressive Handlungen, Selbstverletzungen und Waschungen auszutreiben. Eine Hauptsorge galt aber seinen Zähnen, die er stundenlang reinigte, und deren Zerfall er befürchtete. Unzählige Male sei er wegen hartnäckiger Oberkieferschmerzen zu Zahnärzten (20 Zahnärzte hätte er wohl leicht aufgesucht, erzählt mir Herr M. später einmal schmunzelnd) gegangen, und die Zahnarztkosten wuchsen. Der Patient fand schließlich keine Arbeit mehr, für das Bundesheer wurde er als untauglich erachtet, er half anfänglich noch mehr, später immer weniger in der elterlichen Landwirtschaft mit, wurde schließlich 1989 pensioniert und auch besachwaltet, nicht zuletzt wegen der enorm hohen Zahnarztkosten.

Die stationäre Erstaufnahme erfolgt im Jahr 1989. Der Patient wird als sehr verschlossen beschrieben, er murmele vor sich hin, wirke abwesend, auch verwirrt, sei verbal nicht kontaktfähig, zwischendurch schlage er sich selber, Zwangshandlungen werden beobachtet. Die Diagnosen lauten auf Zwangsstörung und Verdacht auf beginnende schizophrene Psychose.

Ab dem Jahr 1993 folgen 21 weitere stationäre Aufnahmen, denen häufig Polizeieinsätze vorausgehen. In der Familie des Patienten kommt es nämlich nach dem Tod der Mutter im Jahre 1990 zunehmend zu Konflikten. Der Patient schreie zu Hause in der Nacht, belästige den inzwischen bereits sehr betagten Vater, verschmutze das Haus und auch ein vermehrter und zunehmender Alkoholkonsum wird erwähnt. Vor allem mit dem zu Hause lebenden Bruder gäbe es ständig Streit.

Die Aufenthalte an unserer Abteilung gestalten sich relativ gleichförmig. Der meist leicht alkoholisierte Patient wird nach Aggressionsausbrüchen zu Hause verbunden mit desorganisiertem Verhalten und Verwahrlosungstendenz wegen Fremd- und Selbstgefährdung nach den Kriterien des Unterbringungsgesetzes untergebracht, wenige Tage später kommt er auf eine Rehabilitationsstation und verlässt diese meist wiederum wenige Tage später ohne sich abzumelden. Trotz intensivem Bemühen gelingt aufgrund der Kürze der Aufenthalte keine wesentliche Veränderung des Zustandsbildes. Der Ton in den Arztbriefen wird zunehmend resignativer.

Im Winter 95 muss unser Patient schließlich von zu Hause ausziehen, er bezieht ein Zimmer in der Innenstadt. Aber die Konflikte mit der Umwelt reißen nicht ab. Nun fühlt sich Herr M. vom Zimmernachbarn K. bedroht und verfolgt, er gibt auch erstmals an, Stimmen zu hören, die über ihn sprechen. Um sie zu dämpfen beziehungsweise zu übertönen, trinkt der Patient vermehrt Alkohol und schaltet den Fernseher extrem laut, was wiederum zu Polizeieinsätzen führt. Schließlich wird auch der Krisendienst involviert, die Diensthabenden berichten, wie bereits erwähnt, von einem völlig verdreckten kleinen Zimmerchen, der Boden ganz nass und mit schimmeligem Zeitungspapier übersät, die Wände schimmelig, alles rieche muffig, Radio und Fernsehen auf voller Lautstärke, die Nachbarn bereits außer sich vor Zorn. Der Patient wird wieder wegen Selbstgefährdung untergebracht. Nun aber wird der Patient in einer Sitzung des Krisendienstspezialteams besprochen und im Herbst 96 in die Gruppe der speziell zu betreuenden Patienten aufgenommen.

Wie es weiter ging:

Vorerst fahre ich, wie bereits erwähnt, monatlich zum Patienten, führe ein kurzes Gespräch, dann fahren wir ins Krankenhaus, wo ein Depotneuroleptikum verabreicht wird. Denn als einen der ersten Gründe und Erklärungen für sein schlechtes Beisammensein gibt der Patient an, dass er nach Nachlassen der Wirkung der im Krankenhaus verabreichten Medikamente es nicht schaffe, sich wieder in der Apotheke Medikamente zu besorgen. Die regelmäßige Medikation halte ich für ein ganz wichtiges Element in der Stabilisierung des Patienten, dadurch konnte erst der langsame Beziehungsaufbau erfolgen. Die monatlichen Besuche werden fortgesetzt, der anfänglich sehr stille, verbal kaum kontaktfähige Mensch gewinnt an Vertrauen, erste Postkarten treffen bei mir ein, auf denen der Patient nach dem Sinn der Medikamente fragt, nach dem Termin des nächsten Kommens und so weiter. Der Patient wird etwas gesprächiger, er erzählt von seinem Tagesablauf: Schlafen bis zehn Uhr, bescheidenes Frühstück, zubereitet auf der kleinen Herdplatte, Spaziergänge durch die Stadt, Mittagessen in der Volksküche, zurück ins Zimmer, schlafen, fernsehen, Bier holen. Einmal in der Woche gehe er zu seiner Sachwalterin vom Verein für Sachwalterschaft, führe ein Gespräch und hole sich sein Wochengeld ab, die Miete werde von der Sachwalterin bezahlt. Noch während des Letztaufenthaltes wird für den Patienten auf Anregung der Krankenhaussozialarbeiterin eine Putzfrau organisiert, was das Chaos im Zimmer zu verhindern hilft.

In einem Gespräch im Herbst 97 bezeichnet sich der Klient als einsamer Wolf, er habe nur mehr sehr selten Kontakt zum Vater und den Brüdern, selten brieflichen Kontakt zu den Schwestern, sei somit viel allein. Ich schlage einen Besuch der Tagesstätte von Pro Mente in Klagenfurt vor, beim Adventfrühstück schließt mein Klient dort erste Kontakte, geht auch tatsächlich einige Male hin, macht dann aber lieber wieder seine einsamen Wanderungen durch die Stadt, denn er wisse oft nicht, sagt er, was er reden solle, er fühle sich in Anwesenheit anderer so beklommen.

Durch die stabilisierende Wirkung der Medikamente, über die sich auch die Sachwalterin freut, mit der ich mich telefonisch sporadisch austausche, bleibt der Patient rückfallsfrei, er lässt sich einen Zahn überkronen (!), zieht in eine schon recht komfortable kleine Wohnung im selben Haus, erlernt mit Hilfe seiner Putzfrau den Umgang mit der Waschmaschine und dem Herd, und präsentiert mir schließlich einmal stolz sein Telefon, er hätte sogar schon mit seiner Schwester in Holland telefoniert und plane sogar einen Urlaub im Sommer dort. Tatsächlich verbringt Herr. M. nicht nur im Frühling 98 einige Tage bei seiner Schwester in Holland, sondern eine Woche im Sommer 1999 in Begleitung seiner anderen Schwester in Italien.

Der Patient trinkt noch immer beträchtliche Mengen Bier, einmal bekennt er kleinlaut, dass er jetzt für sich eine Drei-Bier-Schwelle beschlossen habe. Er mache sich auch etwas Sorgen wegen seines Gesundheitszustandes, ich organisiere eine ambulante Untersuchung, stelle ihm die erhobenen Befunde dar, was ihn beruhigt. Der Patient wirkt insgesamt zunehmend lockerer, selbstbewusster, wacher, an seiner Umwelt interessierter, wenn auch noch immer eine beträchtliche Skurrilität, soziale Ängstlichkeit, Verschrobenheit und eine paranoid-ängstliche Grundstimmung zu beobachten sind. Wir gehen ab und zu auch ins Kino, und schließlich besuchen wir im Frühling des heurigen Jahres das Grab des Vaters – dessen Tod im Jahr 1997 wurde vom Patienten mit erstaunlicher Gelassenheit hingenommen – und danach den Bruder, der nun allein im Elternhaus lebt, was natürlich für den erstgeborenen M. eine unglaubliche Kränkung darstellt. Nach diesem ohne Eskalation verlaufenden Besuch ist Herr M. kurz wieder etwas paranoid, trinkt sehr viel, jetzt Most, doch ich fange durch eine Intensivierung meiner Kontakte und auch durch Postkarten und Telefonate eine drohende Exazerbation ab.

Zum Zeitpunkt des Schreibens dieser Zeilen bereitet sich Herr M. auf eine weitere Reise vor, gemeinsam mit seiner Schwester aus Graz wird Herr M. in den nächsten Tagen nach Griechenland fliegen. Er wirkt ruhig, freut sich, bemüht sich wieder seinen Alkoholkonsum einzuschränken und beim letzten Besuch bei ihm vor zwei Tagen kündigt er bereits Postkarten aus Griechenland an.

Diese Postkarten wurden zu einem fixen, neben den Gesprächen bei den Besuchen, zweiten Bestandteil unserer Beziehung, an ihnen erkenne ich aus Schriftbild, Formulierung und Thematik Herrn M.s Verfassung, und sie belegen eindrucksvoll Herrn M.s Ringen um Autonomie trotz Bindung, um Nähe trotz Sehnsucht nach Distanz, um Objektwahrnehmung trotz dabei gefährdeter Subjektwahrnehmung.

Postkarten:

Ich gebe die Postkarten unverändert Stil und Rechtschreibung betreffend wieder.

27. 3. 97: Was Sie meinen mit lieben Karten ich anfragen an Sie. M.M.

27. 3. 97: Was Sie meinen mit lieben Karten ich anfragen an Sie. Abs: M.M.

30. 4. 97: S.G. Herr Dr. Oberlerchner!. Gebe Ihnen nun die richtige Telefonnummer von Frau Mag. K. *(Sachwalterin)* bekannt. M.M.

22. 8. 97: Schöne Grüße aus Graz sendet Ihnen M.M.

7. 10. 97: Für was ist die Spritze genau?

8. 10. 97: Für was ist die Spritze genau?

Mehrmals erkläre ich Herrn M. Art und Wirkung des Depotpräparates. Wir studieren den Beipackzettel. Herr M. akzeptiert schließlich die Medikation als Mittel gegen Nervosität. Sein Hinterfragen und seine Skepsis lösen aber auch Ängste aus.

2. 11. 97: Ich hoffe, daß Sie nicht beleidigt sind? Mit freundlichen Grüßen.

18. 11. 97: Ich hoffe, daß Sie nicht beleidigt sind? M. an Dr. Oberlerchner.

12. 2. 98: Ich bin im selben Haus aber im zweiten Stock Zimmer 204, falls Sie zu mir kommen. Mit freundlichen Grüßen. M.M.

26. 3. 98: Meinen Sie es ehrlich, wenn Sie mit mir sprechen? Mit freundlichen Grüßen. M.M. M.M. Wenn Sie mir auch schreiben.

Für den Besuch bei der Hausärztin und einem Dermatologen drucke ich Herrn M. Kurzarztbriefe aus. Ich ahne nicht, dass Herr M. zum ersten Mal nach 23 stationären Aufenthalten sich mit der Diagnose Schizophrenie konfrontiert sehen würde. Er reagiert erzürnt, schickt mir den Arztbrief mit der folgenden Karte zurück.

11. 7. 98: Ersuche, bitte ich Sie nicht mehr zu mir zu kommen. Ich mag keine Spritzen mehr. Ich bin nicht schizophrän. Ich hoffe, Sie verstehen, was ich meine. Mit freundlichen Grüßen? M.M.

25. 7. 98: Schöne Urlaubsgrüße aus Holland sendet Ihnen M.M.

HERR M.

26.9. 98: Ersuche bitte ich Sie nicht mehr zu mir zu kommen. Ich bin nicht wie ich schon sagte nicht schizophräen. Hoffe ich Sie verstehen, was ich meine. Mit freundlichen Grüßen M.M. M.M.

30.9. 98: Ersuche Bitte ich Sie nicht mehr zu mir zu kommen. Ich brauche keine Spritzen. Ich bin nicht schizophrän. wie ich Ihnen bereits sagte. Hoffe ich Sie verstehen was ich meine. M.M. M.M.

4.10. 98: Ersuche Bitte ich Sie nicht mehr zu mir zu kommen. Ich brauche keine Spritzen. Ich bin nicht = nicht schizophräen wie ich ihnen bereits sagte. Mit freundlichen Grüßen M.M. M.M. Familienname: M.

8.10. 98: S.g. Herr Dr. Oberlerchner! Ersuche Bitte ich Sie nicht mehr zu mir zu kommen. Ich bin nicht schizophräen wie ich Ihnen schon sagte. Mit freundlichen Grüßen M.M. M.M.

Ich versuche, Herrn M. vor Augen zu führen, dass ihn die Medikation seelisch stabilisiere, dass sie auch mitverantwortlich sei für die Verbesserung seiner sozialen Situation und Rückfälle vermeiden helfe. Ich weise darauf hin, dass er nun weniger Konflikte habe und sich auch insbesondere durch seinen Nachbarn K. nicht mehr bedroht fühle.

27.10. 98: S.G. Herr Dr. Oberlerchner! Durch Spritzen habe ich nicht mein neues Zimmer erhalten. Nehmen Sie dies zur Kenntnis. Gerechtigkeit muß sein. Was meinen Sie dazu? Schreiben Sie mir. Mit freundlichen Grüßen. M.M. M.M.

28.10. 98: S.g. Herr Dr. Oberlerchner! Durch Spritzen habe ich nicht = nicht neues Zimmer erhalten. Gerechtigkeit muß sein. Bekennen auch Sie dazu. Wenn Sie mir schreiben, was Sie zu diesem Schreiben meinen. Mit freundlichen Grüßen M.M. M.M.

30.11. 98: S.g. Herr Dr. Oberlerchner! Daß ich traurig oder fröhlich bin hat mit der Spritze nichts zu tun. Zuerst hat mich K. wirklich geärgert ich nicht schizophrän. Hoffe ich Sie verstehen was ich Ihnen mitteile. Mit freundlichen Grüßen. M.M. M. M.

2.12. 98: S.g. Herr Dr. Oberlerchner! Ich bin nicht schizophren, zuerst hat mich K. wirklich geärgert. Verstehen Sie diese Aussage. Mit freundlichen Grüßen M.M. M.M.

5.12. 98: S.g. Herr Dr. Oberlerchner! Daß ich traurig oder fröhlich bin hat mit der Spritze nichts zu tun. Ich nicht schizophrän zuerst hat mich K. wirklich geärgert. Mit freundlichen Grüßen. M.M. geb. 57

8.12. 98: S.g. Herr Dr. Oberlerchner! Ich nicht schizophren. Zuerst hat mich K. wirklich = wirklich geärgert. Verstehen Sie diese Aussage. Mit freundlichen Grüßen. M.M. M.M.

10.12. 98: S.g. Herr Dr. Oberlerchner! Ich nicht schizophren. Zuerst hat mich K. wirklich = wirklich geärgert. Mit Spritze hat nichts zu tun daß ich traurig oder fröhlich bin, dass ist Natur, Mit freundlichen Grüßen M.M. M.M.

12.12. 98: S.g. Herr Dr. Oberlerchner! Ich nicht schizophren Zuerst hat mich K. wirklich = wirklich geärgert. Mit Spritze hat nichts zu tun daß ich traurig oder fröhlich bin, dies ist Natur. Verstehen Sie diese Aussage. Mit freundlichen Grüßen. M.M. M.M. Familienname: M.

21.12. 98: Schöne Weihnachten und alles Gute im neuen Jahr wünscht Ihnen M.M.

23.12. 98: Hoffe ich Sie sind mir nicht böse auf mich. Wenn Sie mir bitte bald schreiben. Hochachtungsvoll M.M. M.M.

Einmal im Monat ungefähr schreibe ich Herrn M. eine Karte, ich kündige meinen Besuch an, antworte auf etwaige Fragen oder erkundige mich nach seinem Befinden.

5.1. 99: S.g. Herr Dr. Oberlerchner! Daß ich fröhlich oder traurig bin hängt von der Natur ab und nicht mit der Spritze. Verstehen Sie diese Aussage. Mit freundlichen Grüßen. M.M. M. M.

2.2. 99: S.g. Herr Dr. Oberlerchner! Die Spritze wird schon für irgendwas gut sein. oder? Daß ich traurig oder fröhlich bin ist Natur meine ich. Hochachtungsvoll. M.M. M.M. Familienname M.

4.2. 99: S.G. Herr Dr. Oberlerchner! Für irgendwas wird die Spritze schon gut sein oder? Daß ich fröhlich oder traurig bin ist Natur meine ich. Hochachtungsvoll M.M. M. M.

Herr M.

11. 2. 99: S.g. Herr Dr. Oberlerchner! Die Spritze wird ja für irgendwas gut sein. oder? Daß ich traurig oder fröhlich bin ist Natur, meine ich, ich nicht den Fernseher voll aufgedreht. Ich nicht geteiflt im Zimmer dies ist gelogen damals von K. damals im Jahr 1996. Heute ist anders Ruhe im Zimmer. Hochachtungsvoll. M.M. M.M.

13. 2. 99: S.g. Herr Dr. Oberlerchner! Daß ich traurig oder fröhlich ist Natur, für irgendwas wird die Spritze schon gut sein oder? Wenn Sie mir dies sagen beziehungsweise mir schreiben. Hochachtungsvoll. M.M. M.M.

18. 2. 99: S.g. Herr Dr. Oberlerchner! Für irgendwas sinnliches wird die Spritze wohl gut sein oder? Wenn Sie mir dies sagen beziehungsweise mir dies schreiben. Hochachtungsvoll M.M. M.M.

3. 3. 99: S.g. Herr Dr. Oberlerchner! Ich nicht geteiflt und Fernseher voll aufgedreht nicht ich, dies hat K. gelogen. Für was die Spritze gut ist, werden Sie wissen, ich nicht schizophren. Daheim hat Bruder J. gelogen. Ich nur etwas nervös, verstehen Sie diese Aussage. M.M. Hochachtungsvoll M.M.

5. 3. 99: Sehr geehrter Herr Dr. Oberlerchner! Ich habe von Früh bis Abend in der Landwirtschaft gearbeitet. Glauben Sie ist es wahr, was gegen mich vorgebracht wurde. Wenn Sie sichs entscheiden mir zu schreiben und meine Anfrage, die an Sie gestellt habe, mir zu beantworten. Hochachtungsvoll M.M. M.M.

11. 3. 99: S.g. Herr Dr. Oberlerchner! Vielen Dank für Ihre Karte. Ich nicht = nicht geteiflt im Zimmer und ich nicht Fernseher voll aufgedreht dies hat K. gelogen. Mit netten Grüßen Hochachtungsvoll M.M. M.M.

12. 3. 99: S.g. Herr Dr. Oberlerchner! Ich nicht schizophren ich nur etwas nervös. Hoffe ich daß die Spritze für dies gedacht ist. Mit besten Grüßen Hochachtungsvoll M.M. M.M.

16. 3. 99: S.g. Herr Dr. Oberlerchner! Ich nicht geteiflt im Zimmer und Fernseher ich nicht voll aufgedreht. Dies hat K. gelogen. Ich nicht schizophren nur etwas nervös. Hoffe ich das die Spritze dafür gedacht ist. M.M. Mit lieben Grüßen. M.M. Familienname: M.

24. 3. 99: S.g. Herr Dr. Oberlerchner! Ich nicht schizophren, nur etwas nervös. Hoffe ich daß die Spritze so gedacht ist. Hochachtungsvoll Mit besten Grüßen M.M. M.M. Familienname: M.

29. 3. 99: S.g. Herr Dr. Oberlerchner! Ich nicht schizophren. Hoffe ich daß die Spritze so gedacht ist. Sagen beziehungsweise schreiben Sie es mir. Hochachtungsvoll mit besten Wünschen M.M. M.M. Ich wünsche Ihnen frohe Ostern. Familiennname: M:

30. 3. 99: Ich bin nicht schizophren, nur etwas nervös. Ich hoffe daß die Spritze so gedacht ist. Wenn Sie mir sagen beziehungsweise mir schreiben. Ich wünsche Ihnen frohe Ostern. Mit lieben Grüßen. M.M. M.M.

4. 4. 99: S.G. Herr Dr. Oberlerchner! Ich nicht geteiflt und Fernseher nicht voll aufgedreht. Dies hat K. damals im Jahre 1996 gelogen. Daheim in P. hat Bruder J. gelogen, ich nicht nicht schreien, nur etwas nervös. Nehmen Sie dies zur Kenntnis. Hochachtungsvoll. M.M. M.M. Für was ist die Spritze gut.

6. 4. 99: S.g. Herr Dr. Oberlerchner! Ich nicht geteiflt im Zimmer oder Fernseher ich nicht voll aufgedreht. Dies hat K. oder sonst wer gelogen. Daher ich nicht schizophren, wenn Sie mir sagen für was die Spritze gedacht ist, ich nur etwas nervös hoffe ich das die Spritze so gedacht ist, wenn Sie es mir sagen, beziehungsweise sie es mir schreiben. M.M. Mit lieben Grüßen. M.M.

8. 4. 99: S.g. Herr Dr. Oberlerchner! Ich nicht geteiflt im Zimmer oder ich nicht Fernseher voll nicht aufgedreht dies hat K. oder sonst wer gelogen. Daher ich nicht schizophren. Für was ist die Spritze gedacht. Ich nur etwas nervös. Hoffe ich daß die Spritze so gedacht. Sagen Sie es mir beziehungsweise Schreiben Sie es mir. Mit lieben Grüßen. M.M. M.M.

Herr M. erzählt mir, dass er sich depressiv fühle und auch oft an die Konflikte mit seinem Bruder denken müsse. Er könne dann auch schlecht schlafen. Die Bedienerin von Herrn M. und ihr Gatte versuchen Herrn M. zu mehr Aktivität zu motivieren. Durch die direkte und indirekte Wirkung der Medikamente hat Herr M. nämlich beträchtlich an Gewicht zugenommen.

9.4. 99: Vielen Dank für die Karte die ich heute erhalten habe. Ich werde erst am Montag mit dem Fahrrad fahren falls das Wetter schön ist sonst etwas später. Mit lieben Grüßen. M.M. M.M.

12.4. 99: S.g. Herr Dr. Oberlerchner! Wir sind heute nicht Fahrrad gefahren. Wir fahren vielleicht einige Zeit später mit dem Fahrrad. Mit lieben Grüßen M.M. M.M.

16.4. 99: Sehr geehrter Herr Dr. Oberlerchner! Ich nicht geteiflt und Fernseher nicht voll aufgedreht im Zimmer. Dies hat K. oder sonst wer gelogen. Ich daher nicht schizophren. Für was ist die Spritze gut? Ich nur etwas nervös hoffe ich daß die Spritze dafür gedacht ist. Mit lieben Grüßen M.M. M.M.

19.4. 99: S.g. Herr Dr. Oberlerchner! Wir Ich fahre diese oder nächste Woche mit dem Fahrrad. Mit lieben Grüßen M.M. M.M.

20.4. 99: S.g. Herr Dr. Oberlerchner! Wir ich fahren voraussichtlich nächste Woche mit dem Fahrrad, falls das Wetter schön ist und falls ich es will, wir es wollen. Mit lieben Grüßen M.M. M.M.

Ich erinnere Herrn M. daran, dass er meines Erachtens an den Situationen, die zu den Krankenhausaufenthalten führten, und an den Auseinandersetzungen mit dem Bruder oder dem Nachbarn K. nicht ganz unschuldig gewesen sei.

21.4. 99: S.g. Herr Dr. Oberlerchner! Ich Wir fahren erst nächste Woche mit dem Fahrrad falls das Wetter warm ist und wenn wir wollen. Ich und Frau M. Mit lieben Grüßen. M.M. M.M. PS,: Ich nicht schizophren Fernseher nicht voll aufgedreht, nicht geteiflt im Zimmer, dies hat K. oder sonst wer gelogen. Ich nur etwas nervös, hoffe ich das die Spritze so gedacht ist.?

22.4. 99: S.g. Herr Dr. Oberlerchner! Ich nicht geteiflt im Zimmer und nicht voll Fernseher aufgedreht. Dies hat K. oder sonst wer gelogen. Wir fahren voraussichtlich nächste Woche mit Fahrrad, wenn falls das Wetter schön ist. Mit lieben Grüßen M.M. M.M.

3.5. 99: S.g. Herr Dr. Oberlerchner! Ich nicht geteiflt im Zimmer und nicht Fernseher voll aufgedreht. Dies hat K. oder sonst wer gelogen. Wir fahren nächste Woche mit dem Fahrrad falls das Wetter schön ist und wir wollen. Mit lieben Grüßen M.M. M.M.

5.5.99: S.g. Herr Dr. Oberlerchner! Ich nicht geteiflt im Zimmer oder Fernseher nicht voll aufgedreht im Zimmer dies hat K. oder sonst wer gelogen. Wir fahren nächste Woche mit dem Fahrrad wenn das Wetter schön und warm ist und wenn wir wollen. Mit lieben Grüßen. M.M. M.M. Familienname: M.

7.5.99: Ich nicht geteiflt im Zimmer oder Fernseher ich nicht voll aufgedreht, dies hat K. oder sonst wer gelogen. Wir fahren nächste Woche mit dem Fahrrad wenn das Wetter schön und warm ist und wenn wir wollen. Mit lieben Grüßen. M.M. M.M.

10.5.99.: S.G. Herr Dr. Oberlerchner! Ich nicht geteiflt und Fernseher nicht voll aufgedreht im Zimmer. Dies hat K. oder sonst wer gelogen. Wir ich Frau M. (P:) fahren mit dem Fahrrad erst nächste Woche wenn das Wetter schön und warm ist und wenn wir wollen. Mit lieben Grüßen M.M. M.M. Familienname: M. Vorname: M. geb 57

11.5.99: S.g. Herr Dr. Oberlerchner! Ich nicht geteiflt im Zimmer und Fernseher ich nicht voll aufgedreht im Zimmer, – dies hat K. oder sonst wer gelogen. Wir Frau M. (P.) und ich fahren mit dem Fahrrad vielleicht diese Woche wenn das Wetter schön und warm ist. Mit lieben Grüßen M.M. M.M.

14.5.99: S.g. Herr Dr. Oberlerchner Herwig! Ich nicht geteiflt im Zimmer und nicht = nicht Fernseher nicht voll aufgedreht,- dies hat K. oder sonst wer gelogen. Wir fahren wahrscheinlich in den nächsten Tagen mit dem Fahrrad wenn das Wetter schön und warm ist und wenn wir wollen. Mit lieben Grüßen M.M. M.M.

14.5.99: S.g. Herr Dr. Oberlerchner! Wir fahren wahrscheinlich erst nächste Woche mit dem Fahrrad. Mit lieben Grüßen M.M. M.M.

18.5.99: S.g. Herr Dr. Oberlerchner! Vielen Dank für Ihre Karte. Wir fahren übermorgen mit dem Fahrrad falls die Frau M. Zeit hat. Sonst erst einige Zeit später. Wir waren gestern spazieren. Vielleicht fahren wir in einigen Wochen mit Fahrrad sonst nächste Woche. Mit lieben Grüßen M.M. M.M.

HERR M.

19.5.99: S.g. Herr Dr. Oberlerchner! Ich nicht geteiflt im Zimmer und Fernseher nicht voll aufgedreht. Dies hat K. oder sonst wer gelogen Mit lieben Grüßen M.M. M.M.

31.5.99: S.g. Herr Dr. Oberlerchner! Ich nicht geteiflt im Zimmer und nicht = nicht Fernseher voll aufgedreht im Zimmer. Dies hat K. oder sonst wer gelogen. Daheim zu Hause in P. hat mich Bruder J. geärgert. Ich kann nichts dafür. Hoffe ich Sie verstehen diese Aussagen. Mit lieben Grüßen M.M. M.M.

4.6.99: S.g. Herr Dr. Oberlerchner! Ich nicht geteiflt im Zimmer und Fernseher nicht voll aufgedreht im Zimmer. Dies hat K. oder sonst wer gelogen. Daheim zu Hause in P. hat mich Bruder J. geärgert ich kann nichts dafür. Ich hoffe Sie verstehen diese Aussagen von mir an Sie gestellt, diese Aussagen zu verstehen. Mit lieben Grüßen M.M. M.M. Familienname: M. PS.: Ich war und bin nicht schizophren. Sehen Sie Begründung.

7.6.99: Ich nicht geteiflt im Zimmer und nicht Fernseher voll aufgedreht im Zimmer. Dies hat K. oder sonst wer gelogen. Daheim zu Hause in P. hat mich Bruder J. geärgert ich kann nichts dafür. Ich hoffe Sie verstehen meine Aussagen. Ich fahre voraussichtlich Anfang Juli für eine Woche nach Italien ans Meer auf Urlaub mit meiner Schwester aus Graz. Mit lieben Grüßen M.M. M.M.

10.6.99: S.g. Herr Dr. Oberlerchner! Ich nicht geteiflt im Zimmer und Fernseher nicht voll aufgedreht im Zimmer. Dies hat K. oder sonst wer gelogen. Zu Hause daheim hat mich Bruder J. geärgert, ich kann nichts dafür. Ich hoffe Sie verstehen meine Aussagen ich an Sie gerichtet diese Aussagen. Mit lieben Grüßen M.M. M.M.

14.6.99: S.g. Herr Dr. Oberlerchner! Ich nicht geteiflt im Zimmer und Fernseher ich nicht voll aufgedreht. Dies hat K. oder sonst wer gelogen. Zu Hause daheim in P. hat mich Bruder J. geärgert ich kann nichts dafür. Ich hoffe Sie verstehen meine Aussagen ich an Sie gerichtet. Ich fahre voraussichtlich Anfang Juli für eine Woche nach Italien an Meer mit meiner Schwester aus Wien. Mit lieben Grüßen. M.M. M.M. Begründung: Ich war und bin nicht schizophren. Sehen Sie Begründung.

15.6. 99: S.g. Herr Dr. Oberlerchner! Ich nicht geteiflt im Zimmer und Fernseher nicht voll aufgedreht im Zimmer dies hat K. oder sonst wer gelogen. Zu Hause daheim hat mich Bruder J. geärgert ich kann nichts dafür. Ich daher nicht schizophren sehen Sie Begründungen dieses Schreibens. Hoffe ich Sie verstehen diese Aussagen ich an Sie gerichtet. Mit lieben Grüßen M.M. M.M. Ich war und bin nicht schizophren. Sehen Sie Begründungen.

18.6. 99: S.g. Herr Dr. Oberlerchner! Vielen Dank für ihre Karte. Daß mich andere geärgert haben kann ich nicht dafür, daher ich nicht schizophren. Hoffe ich Sie verstehen meine Aussage. Wenn andere mich ärgerten muß ich mich wehren dies ist normal nicht schizophren. Hoffe ich noch einmal Sie verstehen diese Aussage. Mit lieben Grüßen. M.M. M.M. PS.: Ich war und bin nicht schizophren. Sehen Sie Begründungen.

21.6. 99: S.g. Herr Dr. Oberlerchner! Wenn mich andere ärgern (geärgert haben) habe ich mich nur gewehrt dies ist normal nicht schizophren. Verstehen Sie diese Aussage. Mit lieben Grüßen M.M. M.M. Ich war und bin nicht schizophren. Sehen Sie Begründung.

23.6. 99: S.g. Herr Dr. Oberlerchner! Wenn andere mich ärgern muß ich mich wehren das ist normal nicht schizophren. Ich habe mich gewehrt weil mich andere geärgert haben dies ist normal nicht schizophren. Verstehen Sie diese Aussage. Mit lieben Grüßen M.M. M.M. Ich war und bin nicht schizophren. Sehen Sie Begründung.

6.7. 99: Schöne Grüße vom Urlaub aus Italien sendet Ihnen M.M.

Die Sachwalterin von Herrn M., zu der er einmal in der Woche Kontakt hat, um sein Wochengeld abzuholen oder um mit ihr gemeinsam Einkäufe zu machen, organisiert für ihn eine Reise nach Italien. Seine Schwester kann als Begleitperson mitfahren.

15.8. 99: S.g. Herr Dr. Oberlerchner! Nun sagen Sie es mir ehrlich für was die Spritze gut ist? Ich nicht von Polizei oder sogar Feuerwehr geholt. Von Gendarmerie weil Bruder J. in P. gelogen hat. Nehmen Sie dies zur Kenntnis. Ich hoffe die Spritze ist harmlos, sonst sage ich ab. Mit freundlichen Grüßen M.M. M.M. Zwecks Wahrheit.

Herr M.

26. 8. 99: S.g. Herr Dr. Oberlerchner! Gehen Sie auf Begründungen ein. Mich hat nicht die Polizei oder die Feuerwehr geholt, sondern die Gendarmerie R. weil Bruder J. in P. gelogen hat. Daher ich nur etwas nervös gewesen. Verstehen Sie diese Aussage. Mit freundlichen Grüßen. M.M. M.M.

30. 8. 99: S.g. Herr Dr. Oberlerchner! Mich hat nicht die Polizei oder die Feuerwehr geholt, sondern die Gendarmerie R. schon vor Jahren weil Bruder J. in P. gelogen hat. Verstehen Sie diese Aussage. Hoffe ich, dass Sie auf diese Begründung verstehen. Mit freundlichen Grüßen. M.M. M.M.

1. 9. 99: S.g. Herr Dr. Oberlerchner! Mich hat nicht die Polizei oder die Feuerwehr geholt, sondern die Gendarmerie R. weil Bruder J. in P. gelogen hat. Ich hoffe Sie verstehen diese Aussage. Vielleicht schreiben Sie mir wieder einmal und teilen mir mit was sie dazu meinen. Mit freundlichen Grüßen M.M. M.M.

3. 9. 99: Mich hat nicht die Polizei oder Feuerwehr geholt, sondern die Gendarmerie R. vor Jahren, weil Bruder J. in P. gelogen hat. Deshalb frage ich Sie, ob die Spritze harmlos-gut ist. Wenn Sie mir vielleicht schreiben, sonst mir das sagen. Mit freundlichen Grüßen. M.M. M.M.

9. 9. 99: S.g. Herr Dr. Oberlerchner: Mich hat nicht die Polizei oder Feuerwehr geholt, sondern die Gendarmerie R. weil Bruder J. in P. gelogen hat. Deshalb frage ich sie, ob die Spritze harmlos - gut ist. Wenn Sie mir bald schreiben. Mit freundlichen Grüßen M.M. M.M.

15. 9. 99: S.g. Herr Dr. Oberlerchner! Mich hat nicht die Polizei oder Feuerwehr geholt, sondern die Gendarmerie R. weil Bruder J. in P. gelogen hat. Deshalb frage ich Sie ob die Spritze harmlos und gut ist. Wenn Sie mir bald schreiben. Mit freundlichen Grüßen M.M. M.M.

28. 9. 99: S.g. Herr Dr. Oberlerchner! Mich hat nicht die Polizei oder Feuerwehr geholt, sondern die Gendarmerie R. weil Bruder J. in P. gelogen hat. Ich nicht schizophren, nur etwas nervös. Hoffe ich daß die Spritze so gedacht ist und das die Spritze gut und harmlos ist. Wenn Sie mir bald auf diese Karte schreiben und mir auf den Bericht Sie mir antworten. Mit freundlichen Grüßen M.M. M.M.

30.9.99: Ich nicht geteiflt im Zimmer und nicht Fernseher voll aufgedreht. Dies hat K. oder sonst wer gelogen. Mich hat nicht die Polizei oder Feuerwehr geholt sondern die Gendarmerie R. weil Bruder J. in P. gelogen hat. Ich bin und war daher nicht schizophren, ich nur etwas nervös, hoffe ich daß die Spritze so gedacht ist und gut und harmlos ist. Wenn Sie mir bald schreiben. Mit freundlichen Grüßen M.M. M.M.

4.10.99: S.g. Herr Dr. Oberlerchner! Ich nicht geteiflt im Zimmer und ich nicht = nicht Fernseher voll aufgedreht. Dies hat K. oder sonst wer gelogen. Mich hat nicht die Polizei oder Feuerwehr geholt sondern die Gendarmerie R. weil Bruder J. in P. gelogen hat. Ich war und bin daher nicht schizophren nur etwas nervös. Hoffe ich daß die Spritze dafür gedacht ist. wenn Sie mir bald schreiben. Mit freundlichen Grüßen M.M.

5.10.99: S.G. Herr Dr. Oberlerchner! Ich nicht geteiflt im Zimmer und Fernseher voll aufgedreht. Dies hat K. oder sonst wer gelogen. Mich hat nicht die Polizei oder Feuerwehr geholt sondern die Gendarmerie R., weil Bruder J. in P. gelogen hat. Ich war und bin daher nicht schizophren, nur etwas nervös. Hoffe ich daß die Spritze so gedacht ist und gut und harmlos ist. Wenn Sie mir bald schreiben. Mit freundlichen Grüßen M.M.

11.10.99: S.g. Herr Dr. Oberlerchner! Ich nicht geteiflt im Zimmer und Fernseher ich nicht vollaufgedreht im Zimmer vor Jahren, dies hat K. oder sonst wer gelogen. Mich hat nicht die Polizei oder Feuerwehr geholt sondern die Gendarmerie R. weil Bruder J. in P. gelogen hat. Hoffe ich das die Spritze so gedacht ist, daß ich nur etwas nervös bin. Hoffe ich daß die Spritze gut und harmlos ist und daß Sie diese Aussage verstehen. Wenn Sie mir bald schreiben. Mit freundlichen Grüßen. M.M.

12.10.99: Ich nicht geteiflt im Zimmer und Fernseher ich nicht voll aufgedreht vor Jahren dies hat K. oder sonst wer gelogen. Mich hat nicht die Polizei oder Feuerwehr geholt vor Jahren sondern die Gendarmerie R. weil Bruder J. in P. gelogen hat. Ich daher war und bin nicht schizophren, nur etwas nervös, hoffe ich daß die Spritze so gedacht ist und gut und harmlos ist. Wenn Sie mir bitte bald schreiben. Mit freundlichen Grüßen M.M.

14.10. 99: S.g. Herr Dr. Oberlerchner! Ich habe nicht geteiflt im Zimmer vor Jahren und nicht Fernseher voll aufgedreht im Zimmer vor Jahren, dies hat K. oder sonst wer gelogen. Mich hat nicht die Polizei oder Feuerwehr geholt sondern die Gendarmerie R. weil Bruder J. in P. gelogen hat. Ich bin und war daher nicht schizophren, sondern nur etwas nervös weil mich die anderen sogenannten ärgerten. Ich hoffe, daß die Spritze so gedacht und daß die Spritze gut und harmlos ist. Wenn Sie mir bitte bald schreiben. Mit freundlichen Grüßen M.M. M.M.

15.10. 99: S.g. Herr Dr. Oberlerchner! Ich habe nicht geteiflt im Zimmer vor Jahren und nicht Fernseher voll aufgedreht im Zimmer vor Jahren. Dies hat K. oder sonst wer gelogen. Mich hat nicht die Polizei oder Feuerwehr geholt sondern die Gendarmerie R. weil Bruder J. in P. gelogen hat. Daher war und bin ich nicht schizophren, nur etwas nervös weil mich die sogenannten ärgerten. Ich hoffe daß die Spritze gut und harmlos ist und nur für Nervosität gedacht ist. Wenn Sie mir bitte bald schreiben. Mit freundlichen Grüßen M.M.

18.10. 99: S.g. Herr Dr. Oberlerchner! Ich habe nicht geteiflt im Zimmer vor Jahren und ich nicht Fernseher aufgedreht im Zimmer vor Jahren. Dies hat K. oder sonst wer gelogen. Mich hat nicht die Polizei oder die Polizei geholt sondern die Gendarmerie R. weil Bruder J. in P. gelogen hat. Ich war und bin daher nicht schizophren nur etwas nervös weil mich die sogenannten ärgerten. Hoffe ich daß die Spritze gut und harmlos ist. wenn Sie mir bitte bald schreiben. Mit freundlichen Grüßen. M.M. M.M.

22.10. 99: S.g. Herr Dr. Oberlerchner! Vielen Dank für Ihre Karte. Ich habe vor Jahren wirklich nicht geteiflt im Zimmer und Fernseher ich wirklich nicht voll aufgedreht. Dies hat K. oder sonst wer gelogen. Mich hat wirklich nicht die Polizei oder Feuerwehr geholt sondern die Gendarmerie R. weil Bruder J. in P. gelogen hat. Ich war und bin daher nicht wirklich schizophren sondern nur etwas nervös weil mich die sogenannten ärgerten. Hoffe ich daß die Spritze so gedacht ist und dass die Spritze gut und harmlos ist und für die Nervosität gedacht ist. Mit freundlichen Grüßen M.M.

29.10. 99: S.g. Herr Dr. Oberlerchner! Es waren schon andere schuld ich nur etwas nervös weil mich sogenannten anderen ärgerten. Ich nicht geteiflt im Zimmer und Fernseher nicht voll aufgedreht. Mich hat nicht die Polizei oder Feuerwehr geholt sondern die Gendarmerie R. weil Bruder J. in P. gelogen hat. Hoffe ich daß die Spritze für Nervosität gedacht ist und gut und harmlos ist. Es waren wirklich andere schuld ich nur etwas nervös gewesen. Mit freundlichen Grüßen M.M.

2.11.99: S.g. Herr Dr. Oberlerchner! Es waren schon die anderen sogenannten schuld, die sogenannten haben mich geärgert, daher war ich etwas nervös aber nicht schizophren. Hoffe ich daß die Spritze so gedacht ist und gut und harmlos ist. wenn Sie mir bitte wieder einmal in diesem Monat schreiben. Mit freundlichen Grüßen. M.M.

3.11.99: S.g. Herr Dr. Oberlerchner! Es waren schon andere sogenannten schuld da diese anderen sogenannten mich geärgert haben. Ich nur etwas nervös ich nicht schizophren. Hoffe ich daß die Spritze so gedacht ist und gut und harmlos ist. Ich habe nicht geteiflt im Zimmer vor Jahren und nicht Fernseher nicht voll aufgedreht vor Jahren im Zimmer. Hoffe ich Sie verstehen diese Aussage. Mit freundlichen Grüßen. M.M.

4.11.99: Sehr geehrter Herr Dr. Oberlerchner! Sagen Sie es mir ehrlich ob die Spritze gut und harmlos ist. Ich nur nervös weil mich andere sogenannten ärgerten. Ich war und bin nicht schizophren. Nehmen sie dies zur Kenntnis es ist die Wahrheit. Wenn Sie mir bitte bald schreiben. Mit freundlichen Grüßen. M.M. an Dr. Herwig Oberlerchner. Familienname: M. Vorname: M. Zwecks Wahrheit! Aufklärung! Abklärung! an Dr. Herwig Oberlerchner zwecks Anfrage stellt M.M.

5.11.99: S.G. Herr Dr. Oberlerchner! Ich nicht geteiflt im Zimmer und Fernseher voll aufgedreht im Zimmer vor Jahren. Ich daher nicht schizophren nur etwas nervös weil mich die sogenannten ärgerten. Ich hoffe daß die Spritze gut und harmlos ist. Wenn Sie mir bitte bald schreiben. Mit freundlichen Grüßen. M.M.

7.11.99: Ich nur eine Minute geredet, geschimpft weil mich sogenannten anderen ärgerten– im Zimmer vor Jahren. Sagen Sie es mir ob die Spritze wirklich harmlos und gut ist und für Nervosität gedacht ist. Zwecks Wahrheit, Aufklärung und Abklärung. Wenn Sie mir bitte bald schreiben und beantworten Fragen auf diese Karte. Mit freundlichen Grüßen. M.M.

HERR M.

9.11. 99: Sehr geehrter Herr Dr. Oberlerchner! Vielen Dank für Ihre Karte. Reden Sie nicht so komisch daher, sagen Sie mir endlich, ob die Spritze gut und harmlos ist. Ich nur eine Minute geredet im Zimmer geschimpft weil mich andere sogenannten ärgerten. Deshalb frage ich sie, ob die Spritze für diesen Fall gut und harmlos ist, wenn Sie mir etwas leserlicher schreiben, wenn sie mir bald antworten mir schreiben. M.M. Mit freundlichen Grüßen. M.M. M.M. an Dr. Herwig Oberlerchner Anfrage!

Sehr geehrter Herr M.! Die Spritze ist in dieser Dosierung gut für Sie. Sie vertragen sie ohne Nebenwirkungen, sie hilft Ihnen derzeit seelisch gesund und stabil zu bleiben. Sie hilft auch gegen Nervosität.

16.11. 99: Sehr geehrter Herr Dr. Oberlerchner! Vielen Dank für Ihre Karte. Ich nur etwas nervös war, weil mich sogenannten ärgerten, da habe ich eine Minute im Zimmer geredet geschimpft weil mich sogenannten ärgerten. Ich nicht geteiflt im Zimmer und Fernseher nicht voll aufgedreht. Hoffe ich Sie verstehen diese Aussage. Mit freundlichen Grüßen. M.M.

22.11. 99: S.g. Herr Dr. Oberlerchner! Ich habe vor Jahren nur eine Minute im Zimmer geredet (geschimpft) weil mich sogenannten ärgerten. Ich habe vor Jahren nicht geteiflt im Zimmer und Fernseher habe ich nicht voll aufgedreht im Zimmer (dies hat K. oder sonst wer gelogen). Hoffe ich Sie verstehen diese Aussage. Mit freundlichen Grüßen. M.M.

23.11. 99: S.g. Herr Dr. Oberlerchner! Ich habe nur eine Minute geredet geschimpft im Zimmer (vor Jahren) weil mich sogenannten ärgerten. Ich habe nicht geteiflt im Zimmer und Fernseher nicht voll aufgedreht. Dies hat K. oder sonst wer gelogen. Ich bin und war daher nicht schizophren nur etwas nervös, weil mich sogenannten ärgerten. Ich hoffe Sie verstehen diese Aussage. Mit freundlichen Grüßen M.M. M.M. Anfrage an Dr. Herwig Oberlerchner.

25.11. 99: Sehr geehrter Herr Dr. Oberlerchner! Ich habe nur eine Minute geredet/geschimpft im Zimmer vor Jahren weil mich sogenannten ärgerten. Ich habe nicht geteiflt im Zimmer und nicht Fernseher voll aufgedreht im Zimmer vor Jahren. Dies hat K. oder sonst wer gelogen. Ich hoffe Sie verstehen diese Aussage. Mit freundlichen Grüßen. M.M.

26.11.99: S.G. Herr Dr. Oberlerchner! Wenn Sie auf die Begründung doch eingehen und mir ehrlich antworten oder ist es schon die Wahrheit? Fehlt noch etwas meine ich. Deshalb schreiben Sie mir bald. Mit freundlichen Grüßen. M.M. Familienname M.

1.12.99: S.g. Herr Dr. Oberlerchner! War dies schon die Wahrheit was Sie mir gesagt haben? Fehlt noch etwas an Wahrheit was Sie mir schuldig sind zu sagen. Wenn Sie mir es bald schreiben bitte oder es mir das nächste Mal sagen. Besser ist es wenn Sie es mir bitte schreiben für was die Spritze gut ist. M.M. an Dr. Herwig Oberlerchner. Mit freundlichen Grüßen. M.M. Familienname M. Ich nicht geteiflt im Zimmer nicht Fernseher voll aufgedreht zweck Anfrage zwecks Wahrheit Aufklärung Abklärung Tatsache feststellen.

Sehr geehrter Herr M.! Ich bemühe mich sehr, Ihnen die Wahrheit zu sagen. Ich glaube nach wie vor, daß Sie im Zimmer den Fernseher sehr laut aufgedreht hatten und teifelten. Die Spritze ist gut für Sie. Beim nächsten Treffen erkläre ich Ihnen noch einmal die Wirkung.

3.12.99: S.g. Herr Dr. Oberlerchner! Dankeschön für Ihre Karte. Ist es wirklich schon die ganze Wahrheit. Fehlt noch etwas an Wahrheit meine ich an sie. Ich nur eine oder zwei Minuten geredet geschimpft im Zimmer weil mich anderen sogenannten mich wirklich ärgerten. Ich daher nicht schizophren nur etwas nervös gewesen vor Jahren. Für was ist die Spritze gut wenn Sie mir genauer erklären. Wenn Sie mir bald schreiben bitte sehr. Mit freundlichen Grüßen. M.M. Zwecks Wahrheit Aufklärung Abklärung in dieser Angelegenheit!

5.12.99: Sehr geehrter Herr Dr. Oberlerchner! Jetzt sagen Sie mir ganz ehrlich für was die Spritze gut ist. Ich an Sie: Ich vor Jahren nur eine Minute oder zwei Minuten geredet geschimpft weil mich sogenannten ärgerten. Wenn Sie mir genauer erklären für was die Spritze konkret gut ist. M.M. an Dr. Herwig Oberlerchner Anfrage zwecks Spritze. Mit freundlichen Grüßen M.M. Familienname M. Zwecks Wahrheit für was ist die Spritze gut. Ich nicht geteiflt! wirkt es oder nicht? Jetzt Ruhe im Haus! was später? Jetzt Wahrheit!

7.12. 99: S.g. Herr Dr. Oberlerchner! Für was ist die Spritze gut? Ich nur vor Jahren geredet geschimpft eine oder zwei Minuten im Zimmer weil mich anderen sogenannten ärgerten. Verstehen Sie diese Aussage und sagen Sie mir für was die Spritze gut ist. Mit freundlichen Grüßen M.M. Anfrage an Dr. Oberlerchner Herwig. Nur wenn gerecht Spritze gut? sonst ungerecht? Anfrage an Dr. Herwig Oberlerchner zwecks Wahrheit. Ehrlich korrekt. Wenn Sie mir auf diese Anfrage bald schreiben antworten. Es haben mich schon andere geärgert. Ich nur war und bin nervös. Für was ist die Spritze gut? antworten! M.M. Familienname M.

9.12. 99: S.g. Herr Dr. Oberlerchner! Sagen Sie oder schreiben Sie mir für was die Spritze gut ist. Ich vor Jahren nur eine Minute geredet geschimpft im Zimmer weil mich sogenannten ärgerten. Dies war schon vor Jahren auch K. mich geärgert hat dies war schon vor Jahren. Jetzt Ruhe im Zimmer-Wohnung. Für was ist die Spritze noch gut es haben mich sogenannten geärgert damals ich war nur nervös danach. Verstehen Sie diese Aussage. Mit freundlichen Grüßen. M.M.

10.12. 99: S.g. Herr Dr. Oberlerchner! Dass ich traurig oder fröhlich bin hängt von der Natur ab, nicht von der Spritze vielleicht ist die Spritze anderswo gut vielleicht? Hochachtungsvoll M.M. M.M.

12.12. 99: S.G. Herr Dr. Oberlerchner! Dies war schon vor Jahren als mich anderen sogenannten ärgerten und ich danach nervös war. Nun seit Jahren Ruhe im Zimmer Wohnung. Für was ist die Spritze jetzt gut. Mit freundlichen Grüßen. M. M.

13.12. 99: Sehr geehrter Herr Dr. Oberlerchner! Die Aufregung war schon vor Jahren als mich die sogenannten anderen ärgerten und ich danach nervös war. Jetzt seit Jahren Ruhe im Zwei Zimmer-Wohnung. Für was ist die Spritze heute gut. Wenn Sie mir bald schreiben oder auf dieses Schreiben korrekt genau zitieren und mir antworten. Mit freundlichen Grüßen M.M.

14.12. 99: S.g. Herr Dr. Oberlerchner! Danke sehr/schön die ich heute von Ihnen per Post erhalten habe. Es sind schon Jahre her wo Aufregung ich etwas nervös war da mich sog. andere ärgerten. Für was ist die Spritze heute gut? Wenn Sie mir es sagen mir schreiben mich richtig zitieren Schreibe ich an Sie Sie an mich. M. an Dr. Oberlerchner. Anfrage. Mit freundlichen Grüßen. M.M: Familienname: M. Bitte Sie mir bald schreiben.

2.1. 2000: S.g. Herr Dr. Oberlerchner! Ich nicht geteiflt im Zimmer wirklich nicht und Fernseher ich nicht voll aufgedreht. Dies hat K. oder sonst wer gelogen. Nehmen Sie dies zur Kenntnis nicht bös gemeint von mir. Ich war nur etwas nervös weil mich die anderen sogenannten ärgerten vor Jahren. Für was ist die Spritze heute gut. Wenn Sie mir bald schreiben und antworten. Mit freundlichen Grüßen. M.M. Wenn Sie mir bitte bald schreiben zwecks Wahrheit ! antworten !? zwecks Wahrheit, Aufklärung, Abklärung über Geschichte! Danke für die Weihnachtskarte/Brief. Familienname M.

4.1. 2000: S.g. Herr Dr. Oberlerchner! Ich habe wirklich nicht geteiflt im Zimmer und Fernseher wirklich nicht voll aufgedreht vor Jahren. Dies hat K. oder sonst wer gelogen. Ich nur etwas nervös gewesen vor vor Jahren weil mich die anderen sogenannten ärgerten. Für was ist die Spritze heute gut? Wenn Sie mir bitte bald schreiben und mich richtig zitieren. antworten. Mit freundlichen Grüßen. M.M.

10.1. 2000: S.g. Herr Dr. Oberlerchner! Ich habe nicht geteiflt im Zimmer vor Jahren und Fernseher nicht voll aufgedreht vor Jahren. Dies hat K. oder sonst wer gelogen. Nehmen Sie zur Kenntnis, dies meine ich nicht bös. Ich war nur etwas nervös weil mich die anderen sogenannten ärgerten vor Jahren. Für was ist die Spritze heute gut. Wenn Sie mir bitte bald schreiben. Danke für Ihre Weihnachtskarte/ Brief. Mit freundlichen Grüßen. M.M. Zwecks Wahrheit.

13.1. 2000: S.g. Herr Dr. Oberlerchner! Ich habe nicht geteiflt im Zimmer und Fernseher habe ich nicht voll aufgedreht im Zimmer vor Jahren. Dies hat K. oder sonst wer gelogen vor Jahren. Für was ist die Spritze heute gut? Ich war nur etwas nervös weil mich anderen sogenannten ärgerten vor Jahren. Wenn Sie mir bitte bald schreiben und versuchen mir diese Anfrage/Ansage zu beantworten. Mit freundlichen Grüßen. M.M.

14.1. 2000: S.g. Herr Dr. Oberlerchner: Es haben mich schon andere vor Jahren geärgert, daß ich ein paar Mal in der Psychiatrie war vor Jahren. Für was ist die Spritze heute gut? Wenn sie mir bitte bald schreiben oder es mir sagen das nächste Mal wenn sie kommen. Besser ist wenn sie mir vorher schreiben oder mich anrufen. Mit freundlichen Grüßen. M.M.

Herr M. erzählt während einer Autofahrt von dem Gefühl der Bedrohung, das er hatte, von akustischen Halluzinationen, von Ängsten und einer unglaublichen Wut, weil er von seiner Familie so schlecht behandelt worden sei. Er lächelt bei dieser Beschreibung verschmitzt. In einer Karte bedanke ich mich für seine Offenheit.

21.1. 2000: Danke für ihre Karte und die Grüße. Mit freundlichen Grüßen. M.M.

2.2. 2000: Sehr geehrter Herr Dr. Oberlerchner: Schöne und nette Grüße sendet Ihnen M.M.

7.2. 2000: S.g. Herr Dr. Oberlerchner! Vielen Dank für Ihre Uni Karte und die Karten vorher die ich von Ihnen erhalten habe. Ich schreibe Ihnen nächste Woche eine Karte und berichte Ihnen vielleicht ausführlich wie es bei mir ist wegen neuen Bedienerin. Schöne und nette Grüße sendet Ihnen M.M.

8.2. 2000: S.g. Herr Dr. Oberlerchner! Ob eine neue Bedienerin kommt erfahre ich am Donnerstag von Mag. K. *(Verein für Sachwalterschaft)*. Schreibe ich Ihnen nächste Woche eine Karte oder sage ich es Ihnen das nächste Mal. Mit freundlichen Grüßen. M.M.

10.2. 2000: Sehr geehrter Herr Dr. Oberlerchner! Frau Mag. K. Br. wird weiter suchen nach einer neuen Bedienerin. Ich schreibe Ihnen in 14 Tagen oder sage Ihnen das nächste Mal ob ich schon Bedienerin neue gefunden habe. Ich hoffe es geht Ihnen gut. Mit freundlichen Grüßen. M.M.

15.2. 2000: S.g. Herr Dr. Oberlerchner! Frau Mag. K. sucht noch eine neue Bedienerin. Hoffe ich wird Frau K. bald eine neue Bedienerin finden. Ich schreibe Ihnen nächste Woche wieder eine Karte. Ich hoffe es geht Ihnen gut. Mit freundlichen Grüßen. M.M.

21.2. 2000: Sehr geehrter Herr Dr. Oberlerchner! Frau Mag. K. vom Verein für Sachwalterschaft sucht noch eine neue Bedienerin für mich. Ich hoffe daß Frau Mag. K. bald eine neue Bedienerin finden wird. Dauert noch einige Zeit. Ich schreibe Ihnen Herr Dr. Oberlerchner nächste Woche wieder eine Karte. Ich hoffe es geht Ihnen gut. Mit freundlichen Grüßen. M.M.

24.2. 2000: Sehr geehrter Herr Dr. Oberlerchner! Es wird Herr M. kommen provisorisch bis Frau Mag. K. eine Frau als Bedienerin für mich gefunden hat. Ich hoffe Sie Herr Dr. Oberlerchner verstehen diese Aussage. Ich hoffe es geht Ihnen gut. Mit freundlichen Grüßen M.M.

28.2. 2000: Sehr geehrter Herr Dr. Oberlerchner! Schöne und nette Grüße sendet Ihnen M.M.

6.3. 2000: Sehr geehrter Herr Dr. Oberlerchner! Es sind am Freitag beide gekommen Herr und Frau M.. Herr M. hat geputzt, mit Frau M. war ich spazieren. Frau M. ist mehr krank und wird nur manchmal kommen und mit mir spazieren gehen. Ich hoffe Sie Herr Dr. Oberlerchner verstehen diese Aussage. Ich hoffe es geht Ihnen gut. Ich wünsche Ihnen alles Gute. Mit freundlichen Grüßen. M.M. In Zukunft kommen Sie am Donnerstag die M.

Die bisherige Bedienerin von Herrn M., zu der er großes Vertrauen hat und die wesentlich zu seiner Stabilisierung beitrug, erkrankte leider. Lange blieb unklar, wer diesen wichtigen Teil dieses case-managements, der Versorgung von Herrn M., übernehmen würde. Dann sprang der Gatte von Frau M. ein, er putzt nun mit Herrn M. einmal pro Woche die Wohnung, jede zweite Woche kommt Frau M. mit. Sie unternimmt kurze Ausflüge mit Herrn M.

9.3. 2000: Sehr geehrter Herr Dr. Oberlerchner! Es freut mich sehr, daß Sie sich freuen, daß mir auch Frau M. erhalten bleibt und ich regelmäßig von den M. Besuch bekomme. Es haben mir nun auch die Krankenschwestern E. und S. eine Karte geschrieben. Ich habe mich darüber gefreut. Wetten daß war schön. Ich hoffe es geht Ihnen gut. Ich wünsche Ihnen Herr Dr. Oberlerchner alles Gute. Liebe Grüße M.M.

13.3. 2000: Sehr geehrter Herr Dr. Oberlerchner! Schöne und nette Grüße sendet Ihnen M.M.

20.3. 2000: Sehr geehrter Herr Dr. Oberlerchner! Danke für Ihre Karte! Schöne und nette Grüße sendet Ihnen M.M.

24.3. 2000: S.g. Herr Dr. Oberlerchner! Schöne und nette Grüße sendet Ihnen M.M.

28.3. 2000: Sehr geehrter Herr Dr. Oberlerchner! Schöne und nette Grüße sendet Ihnen M.M.

30.3. 2000: S.g. Herr Dr. Oberlerchner! Schöne und nette Grüße sendet Ihnen M.M.

3.4. 2000: S.g. Herr Dr. Oberlerchner: Schöne und nette Grüße sendet ihnen M. M.:

6.4. 2000: S.g. Herr Dr. Oberlerchner! Wenn Sie mir bald wieder schreiben wie es Ihnen geht und was Sie von mir meinen. Ich nicht geteiflt im Zimmer und Fernseher ich nicht voll aufgedreht im Zimmer. Verstehen Sie hoffe ich diese Aussage. Ich nur etwas nervös gewesen weil mich sogenannten ärgerten vor Jahren Ich hoffe Sie verstehen diese Aussage ich an Sie. Freundliche Grüße M.M.

10.4. 2000: Sehr geehrter Herr Dr. Oberlerchner! Vielen Dank für Ihre Ansichtskarte die ich heute dankend von Ihnen per Post erhalten habe. Ich habe mich gefreut wieder eine Antwort von Ihnen zu erhalten. Freundliche Grüße M.M.

13.4. 2000: Sehr geehrter Herr Dr. Oberlerchner: Frohe Ostern wünscht Ihnen M.M.

21.4. 2000: Frohe und gesegnete Ostern wünscht Ihnen sehr geehrter Herr Dr. Oberlerchner und Ihrer Familie M.M. Ostern 2000.

Sehr geehrter Herr M.! Auch ich möchte Ihnen frohe Ostern wünschen. Ich hoffe, die Karte erreicht Sie noch rechtzeitig!

25.4. 2000: Danke für Ihre Osterkarte,- Ostergrüße,- Osterwünsche. Am Karfreitag erhalten ich von Ihnen per Post. Freundliche Grüße M.M.

25.4. 2000: Sehr geehrter Herr Dr. Oberlerchner! Schöne und nette Grüße alles Gute Ihnen und Ihrer Familie alles Gute M.M.

27.4. 2000: Sehr geehrter Herr Dr. Oberlerchner! Alles Gute wünscht Ihnen und Ihrer Familie M.M. PS.: Schreiben Sie mir bitte bald was Sie sonst noch von mir meinen?

2. 5. 2000: Sehr geehrter Herr Dr. Oberlerchner! Ich hoffe Sie verstehen meine Aussage ich an Sie. wenn mir bald bitte schreiben was Sie sonst noch von mir denken. Alles Gute an Sie/Ihnen und Ihre Familie alles Gute M.M.

9. 5. 2000: Sehr geehrter Herr Dr. Oberlerchner! Danke für Ihre Karte die ich gestern dankend erhalten habe. Herzliche Grüße an Sie und alles Gute Ihnen; und alles Gute Ihrer Familie. Mit freundlichen Grüßen M.M.

11. 5. 2000: S.g. Herr Dr. Oberlerchner! Was Sie sonst noch von mir denken/meinen? Wenn Sie es mir schreiben beziehungsweise es mir sagen. Wenn Sie wollen Sie es mir vorher schreiben. Herzliche und liebe Grüße an Sie/Ihnen und alles Gute Ihnen und alles Gute Ihrer Familie. M.M. Familienname: M.

13. 5. 2000: S.g. Herr Dr. Oberlerchner! Herzliche und liebe Grüße an Sie/Ihnen und Ihrer Frau. Ihrer Familie alles Gute. M.M. Vielleicht schreiben Sie mir vorher zurück mit Ihrer Frau vielleicht.

14. 5. 2000: Sehr geehrter Herr Dr. Oberlerchner! Wenn Sie mir schreiben und Ihre Frau mir schreiben bald. Herzliche und liebe Grüße an Sie und Ihre Frau und ihre Familie. M.M.

18. 5. 2000: S.g. Herr Dr. Oberlerchner! Wenn Sie mir mit ihrer Frau schreiben Grüße. Herzliche und liebe Grüße ich an Sie / Ihnen und Ihrer Frau. Herzliche und liebe Grüße und Ihrer Familie. Herzliche und liebe Grüße M.M. Wenn Sie mir bitte bald schreiben mit Ihrer Frau.

Sehr geehrter Herr M.! Ich halte Sie für einen sehr empfindsamen Menschen, der in seinem Leben oft gekränkt wurde!

25. 5. 2000: S.g. Herr Dr. Oberlerchner! Schöne Tage wünscht Ihnen und Ihrer Frau und Ihrer Familie wünscht Ihnen schöne Tage M.M.

30. 5. 2000: S.g. Herr Dr. Oberlerchner! Schöne Tage wünsche Ich ihnen und Ihrer Frau und Ihrer Familie wünscht Ihnen schöne Tage. M.M. an Herrn Dr. Oberlerchner Herwig und Frau und Familie. M.M. M.M.

6.6. 2000: S.g. Hr. Dr. Herwig Oberlerchner! S.g. Dr. Oberlerchner! Sehr geehrter Herr Dr. Oberlerchner! Schöne Tage wünsche ich Ihnen und Ihrer Frau und Ihrer Familie. M.M. an Hr. Dr. Herwig Oberlerchner. M.M.

7.6. 2000: Sehr geehrter Herr Dr. Oberlerchner! Schöne Tage wünsche Ich Ihnen und Ihrer Frau und Ihrer Familie! M.M.

13.6. 2000: S.g. Herr Dr. Oberlerchner! Danke für Ihre Karten. Wünsche Ich wünsche Ihnen schöne Tage! und Ihrer Frau! und Ihrer Familie M.M.

26.6. 2000: S.g. Hr. Doktor Oberlerchner! Sehr geehrter Herr Dr. Oberlerchner! Schöne Tage wünscht Ihnen ihrer Frau! und Ihrer Familie M.M. sehr geehrter Herr Doktor Oberlerchner!

27.6. 2000: Sehr geehrter Herr Doktor Oberlerchner! Schöne Tage wünsche ich Ihnen und ihrer Frau und Ihrer Familie wünsche Euch Ihnen M.M.

30.6. 2000: Sehr geehrter Herr Doktor Oberlerchner! Schöne Tage wünsche ich Ihnen und Ihrer Frau und Ihrem Sohn und Ihrer Familie wünscht Euch wünscht Ihnen M.M.

Sehr geehrter Herr M.! Auch ich wünsche Ihnen schöne Frühlingstage.

3.7. 2000: S.g. Herr Dr. Oberlerchner! Vielen Dank für Ihre Karte und Telefonnummer. Schöne Tage wünsche ich Ihnen und Ihrer Frau und Ihrem Sohn und Ihrer Familie. M.M.

7.7. 2000: Sehr geehrter Herr Doktor Oberlerchner! Schöne Tage wünsche ich Ihnen und Ihrer Frau und Ihrem Sohn und Ihrer Familie wünscht Euch Ihnen schöne Tage M.M.

11.7. 2000: Sehr geehrter Herr Doktor Oberlerchner! Schöne Tage wünsche ich Ihnen und Ihrer Frau und Ihrem Sohn und Ihrer Familie. Schöne Tage wünscht Euch wünscht Ihnen M.M.

13.7. 2000: Sehr geehrter Herr Doktor Oberlerchner! Ich möchte eine Kopie oder noch einmal sehen, was ich Ihnen das letzte Mal unterschrieben habe. Schöne Tage wünsche ich Ihnen und Ihrer Frau, Ihrem Sohn und ihrer Familie. Schöne Tage wünscht Euch. M.M.

17.7. 2000: Sehr geehrter Herr Doktor Oberlerchner! Schöne Tage wünsche ich Ihnen und Ihrer Frau, und Ihrem Sohn und ihrer Familie. Schöne Tage wünscht Euch, wünscht Ihnen. M.M.

19.7. 2000: Sehr geehrter Herr Doktor Oberlerchner! Schöne Tage und wünscht Ihnen und Ihrer Frau und Ihrem Sohn und Ihrer Familie M.M.

21.7. 2000: Sehr geehrter Herr Doktor Oberlerchner! Schöne Tage wünsche ich Ihnen und Ihrer Frau und Ihrem Sohn und Ihrer Familie wünscht Euch wünscht Ihnen schöne Tage. M.M.

26.7. 2000: Sehr geehrter Herr Doktor Oberlerchner! Schöne Tage wünsche ich Ihnen und Ihrer Frau /und Ihren Söhnen/Ihrem Sohn und Ihrer Familie schöne Tage wünscht Euch schöne Tage wünscht Ihnen M.M.

2.8. 2000: Sehr geehrter Herr Doktor Oberlerchner! Schöne Tage wünsche ich Ihnen und Ihrer Frau/und Ihren Söhnen, Ihrem Sohn und Ihrer Familie schöne Tage wünscht Euch schöne Tage wünsche ich Ihnen M.M.

Nach dem Besuch beim Bruder im Heimathaus reagiert Herr M. leicht paranoid, er trinkt mehr als sonst, ist auch einmal, als ich unangemeldet zu ihm komme, sehr betrunken. Ich schreibe ihm danach eine Karte, und drücke meine Sorge um ihn aus, nicht zuletzt auch wegen dem zunehmenden Alkoholkonsum. Ich fordere ihn auf, gut auf sich aufzupassen.

11.8. 2000: Sehr geehrter Herr Doktor Oberlerchner! Danke für Ihre Karte und Ihre Sorge. Ich passe schon auf. Schöne Tage wünsche ich Ihnen und Ihrer Frau/und Ihren Söhnen, Ihrem Sohn und Ihrer Familie wünscht Euch schöne Tage wünscht Ihnen schöne Tage M.M.

23.8. 2000: Sehr geehrter Herr Doktor Herwig Oberlerchner! Danke für Ihren Telefonanruf und Ihre Sorge. Ich passe schon auf. Hoffe ich auch dass es Ihnen gut geht. Schöne Tage wünscht Ihnen M.M. und Ihrer Frau M.M. und Ihren Söhnen/Ihrem Sohn M.M. und Ihrer Familie wünscht M.M. schöne Tage wünscht Euch M.M. schöne Tage wünscht Ihnen und Ihnen Herr Dr. Herwig Oberlerchner M.M.

24.8. 2000: Sehr geehrter Herr Doktor Herwig Oberlerchner! Sie sollen Frau Magister K. am Montag vormittag anrufen; hat Sie mir Frau Mag. K. heute gesagt (Verein für Sachwalterschaft). Schöne Tage wünsche ich Ihnen und Ihrer Frau und Ihren Söhnen/Ihrem Sohn und Ihrer Familie. M.M.

29.8. 2000: Sehr geehrter Herr Doktor Herwig Oberlerchner! Ich glaube schon voll 100% an Gott. Schöne Tage wünsche ich Ihnen und Ihrer Frau, Ihren Söhnen / Ihren Sohn, Ihrer Familie und Ihnen M.M.

Sehr geehrter Herr M.! Ich freue mich, dass Sie gesund von Griechenland zurück gekommen sind.

11.9. 2000: Schöne Grüße vom Urlaub aus Griechenland sendet Ihnen M.M.

26.9. 2000: Sehr geehrter Herr Doktor Herwig Oberlerchner! Ich glaube schon voll 100%ig an Gott. Ich bin vom Urlaub in Griechenland und Wien vorigen Freitag den 22. Sept. 2000 gut wieder in Klagenfurt angekommen. Mit freundlichen Grüßen M.M.

27.9. 2000: S.g. Herr Doktor Herwig Oberlerchner! Ich glaube schon voll an Gott, Jesus Christus/Maria usw. voll an Gott glaube ich 100% vooll. Freundliche Grüße M.M.

29.9. 2000: S.g. Herr Doktor Herwig Oberlerchner! Danke für Ihre Karte. Es war schön in Griechenland. Schöne Tage in Griechenland hatte ich mit meiner Schwester. Fotos kommen in nächsten Tagen, sind noch in Arbeit. Ich kann Ihnen die Fotos von England und Italien dass nächstemal zeigen. Ob die Fotos von Griechenland schon nächste Woche da sind weiß ich nicht. Die Fotos von Griechenland wird mir die Schwester aus Graz schicken. Sonst zeige ich Ihnen die Fotos das nächste Mal aus Griechenland. Freundliche Grüße M.M. Freundliche Grüße an S.g. Herrn Doktor Oberlerchner. M.M.

4.10. 2000: Sehr geehrter Herr Doktor Oberlerchner! Schöne Tage wünsche ich Ihnen und Ihrer Frau/Freundin und Ihren Söhnen/Ihren Sohn und Ihnen wünsche ich schöne Tage. M.M.

10.10. 2000: Sehr geehrter Herr Dr. Oberlerchner! Schöne Tage wünsche ich Ihnen Ihrer Frau/Freundin Ihren Söhnen/Ihrem Sohn wünsche ich schöne Tage und Ihnen S.g. Herr Dr. Herwig Oberlerchner wünsche ich schöne Tage. M.M. M. an Dr. Oberlerchner.

17.10. 2000: S.g. Herr Doktor Herwig Oberlerchner! Schöne Tage wünsche ich Ihnen Ihrer Frau = Freundin Ihren Söhnen/Ihrem Sohn und Ihrer Familie und Ihnen S.g. Hr. Dr. Oberlerchner wünsche ich schöne Tage. M.M.

20.10. 2000: S.g. Herr Doktor Oberlerchner! Danke für Ihre Karte. Die Griechenlandfotos habe ich schon am Mittwoch dieser Woche von der Schwester per Post erhalten. Sie können sich die Photos von Griechenland anschauen, wenn Sie das nächste Mal zu mir kommen. Es geht mir gut. Wie geht es Ihnen? Schöne Tage wünsche ich Ihnen/Ihrer Frau = Freundin/Ihren Söhnen/Ihrem Sohn/Ihrer Familie und Ihnen S.g. Herr Dr. Oberlerchner wünsche ich Ihnen schöne Tage. M.M.

31.10. 2000: S.g. Hr. Doktor Oberlerchner! Schöne Tage wünsche ich Ihnen u. Ihrer Frau = Freundin u. Ihren Söhnen/Ihren Sohn u. Ihrer Familie und Ihnen S.g. Herr Doktor Oberlerchner schöne Tage wünsche ich Ihnen. M.M.

03.11. 2000: S.g. Hr. Doktor Oberlerchner! S.g. Doktor Herwig Oberlerchner. Schöne Tage wünsche ich Ihnen und Ihrer Frau = Freundin u. Ihren Söhnen/ Ihren Sohn und Ihnen S.g. Herr Doktor = Dr. Oberlerchner schöne Tage wünsche ich Ihnen. M.M.

Herr M. erklärt sich einverstanden, dass ich über ihn schreibe und auch seine Karten in den Text miteinbeziehe. Ich zeige ihm seine erste und eine der letzten Karten. (Diese Postkarten sind abgedruckt auf den nächsten beiden Seiten zu sehen). Wir vergleichen Inhalt und Schriftzug. Er lächelt stolz, äußert sich erstaunt, dass ich die Karten alle aufbewahrt habe und für so wichtig erachte.

HERR M.

Postkarte vom 28. 3. 1997

HERR M.

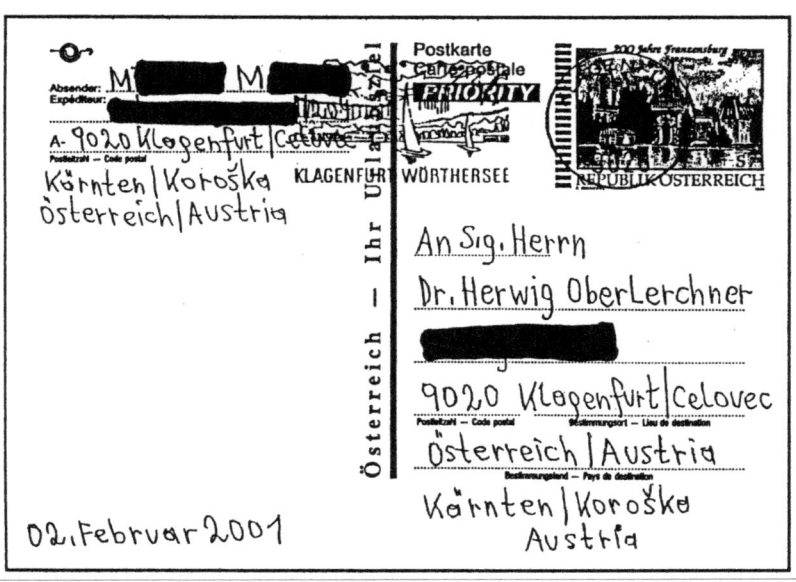

Postkarte vom 2.2. 2001

Schizophrenie und Psychoanalyse

Freud gelang es, die pathogenen Mechanismen der Schizophrenie in seine Theorien einzugliedern, indem er alle ihre Erscheinungsformen um das grundlegende Konzept der Regression gruppierte, wobei die Regression tiefer und weiter zurück geht als bei den Neurosen, und zwar bis in die Zeit der Ich-Bildung, oft sogar bis in die Phase des primären Narzissmus. In Phasen, in denen das Ich also gerade erst in ersten Ansätzen vorhanden ist, erste Objekte außerhalb des eigenen Ich erlebt werden, und die Realitätsprüfung des Säuglings beginnt, regrediert der Schizophrene, sein Ich, die Realität, ja die gesamte Umwelt zerbröckelt. Der Zusammenbruch der Realitätsprüfung, die ja eine der wichtigsten Funktionen des Ich darstellt, und die Symptome des Ich-Zerfalls können also als eine Rückkehr zu einer Zeit aufgefasst werden, in der sich das Ich noch nicht oder kaum herausgebildet hat.

Die Psychoanalyse geht davon aus, dass in den ersten Lebensjahren archaische Muster von Beziehungen entstehen, nach denen später alle Welterfahrungen gebildet und Interaktionen gestaltet werden. Pathologische Beziehungsmuster verbinden sich zum Zeitpunkt des Krankheitsausbruchs beim Schizophrenen mit äußeren oder sozialen und inneren oder psychischen Faktoren und kumulieren in der Psychose.

Die affektiv-emotionale Entwicklung des Kindes in den ersten Lebensjahren steht also am Beginn. Diese Lebensphase ist geprägt durch ein sehr hohes Maß an körperlicher und seelischer Abhängigkeit von der Bezugsperson, meist der Mutter. Das schutzlose, langsam sich entwickelnde Kind braucht eine besondere Form von Mütterlichkeit, oder geschlechtsneutral ausgedrückt, von Fähigkeit, kindliche Bedürfnisse zu erkennen und zu befriedigen, ein optimales Undulieren zwischen den Polen Verschmelzen und Miteinander und Getrenntsein und Alleinsein, die Fähigkeit, das Kind in seinen Autonomie- und Individuationsbestrebungen zu begleiten, wie auch Bedürfnisse nach Nähe und Bindung zu befriedigen. Die Mutter, der Vater, der gerade im Prozess der Loslösung von der Mutter eine ganz wichtige Rolle spielt, und andere Bezugspersonen sind nun wieder Teile sozialer Systeme, ihre Interaktionen mit dem Kind werden durch systemische

Bedingungen geprägt, daraus ergibt sich natürlich eine große Nähe und Sympathie der Psychoanalyse für familientherapeutische Konzepte.

Einen zentralen Beitrag zum Verständnis von Psychosen bildet die sogenannte Objektbeziehungstheorie. Unmittelbar nach der Geburt verharrt das Kind demnach im Stadium des primären Narzissmus. Die gesamte Menge an Libido, die verfügbare seelische Energie, ist auf das eigene Ich gerichtet. Im ersten Lebensmonat ist das Ich also narzisstisch besetzt. Das Kind nimmt noch wenig von seiner Umgebung wahr, hat eine hohe Reizschwelle, es ist autistisch. Langsam, in kleinen Schritten dehnt sich nun die libidinöse Besetzung auch auf die Umwelt aus, zuerst vielleicht nur auf die Brust, dann auf die Mutter. Es entsteht vorerst eine Dualunion, eine Symbiose. Das Kind wähnt sich mit der Mutter verschmolzen. Selbst und Objekt werden noch nicht als getrennt erlebt. Diese Phase dauert maximal bis zum Ende des ersten Lebensjahres. In weiteren Schritten nun kommt es langsam zu einer Trennung von Selbst und Objekt (Selbst- und Objektkonstituierung), zu einer Integration guter und böser, zuvor getrennter Anteile in der Subjekt- und Objektrepräsentanz und schließlich zu einem stufenweise verlaufenden und sehr störungsanfälligen Loslösungs- und Individuationsprozess, an dessen Ende eine verinnerlichte Vorstellung vom Selbst (Selbstrepräsentanz), vom Objekt (Objektrepräsentanz) und von der Beziehung zwischen dem Selbst Kind und dem Objekt Bezugsperson (Interaktionsrepräsentanz) stehen soll. Parallel dazu reifen psychische Instanzen wie das Über-Ich, Größen-Selbst, Ideal-Selbst und das Ich-Ideal heran, Instanzen, die für die Regulation des Selbstwertgefühls von immens wichtiger Bedeutung sind.

In diesen Phasen können nun Fixierungspunkte entstehen, zu denen der Patient mitbedingt durch andere Belastungen und Auslöser regrediert. Bei der zu Schizophrenie prädisponierten Persönlichkeit zerfällt also das in seiner Leistung und Struktur sehr verletzbare Ich unter Belastung. Selbst- und Objektrepräsentanzen lösen sich auf, die integrierende Funktion des Ich versagt, die Grenzen zur Umwelt werden durchlässig. Erfolgt die meist von massiven Ängsten begleitete Regression bis in die narzisstische Phase (1. bis 2. Lebensmonat), geprägt von äußerster Selbstbezogenheit, resultiert daraus die Katatonie und der Autismus, in die Phase der Dualunion

(3. bis 10. Lebensmonat), so findet man die paranoid-halluzinatorische Schizophrenie, in die Phase der beginnenden Individuation, die insgesamt bis ins 4. Lebensjahr dauert, so entstehen leichtere Formen der Schizophrenie, geprägt von Depersonalisation, Derealisation und Spaltungsmechanismen. Hier findet sich auch ein fließender Übergang zur Borderline-Persönlichkeitsstörung.

Daneben unterscheidet die Psychoanalyse zwei Arten von schizophrenen Symptomen. Einerseits jene, die direkt den regressiven Zusammenbruch des Ich, den Objektverlust und ein Ungeschehenmachen von Differenzierungen ausdrücken und als Symptome der Regression (Weltuntergangsphantasien, körperliche Sensationen, Depersonalisation, Größenwahn, archaische Arten des Denkens und Sprechens, katatone Symptome) beschrieben werden und andererseits die sogenannten Restitutionssymptome, die als Versuch der Wiederherstellung des Ichs und der Objektwelt und als „produktive" Heilungs- und Selbstschutzversuche (Weltaufbauphantasien, Zwänge, Wahn, Halluzinationen, Neologismen) verstanden werden können. Wahnideen spielen als Abwehr und Schutz gegen die schreckliche Angst bei der psychotischen Desintegration eine besondere Rolle.

Das bedeutet, schizophrene Symptome können einerseits als Ausdruck der Regression auf die sogenannten Fixierungspunkte frühkindlicher Entwicklung aufgefasst werden, andererseits aber auch als Versuche des Kranken, wieder ein integrierendes Ich und eine von der Umwelt abgrenzbare Individualität aufzubauen.

Bei den Prozesspsychosen glaubt man an ein Überwiegen hereditärer und struktureller Faktoren, bei den schizophrenen Reaktionen überwiegen psychoreaktive Faktoren.

Welche Auslöser gibt es nun? Warum erfolgt der Ich-Zerfall? Wodurch kommt es zur Regression? Hier bietet die psychoanalytische Literatur verschiedene Antworten an. Einerseits folgt sie dabei ähnlich dem psychiatrischen Ansatz der Idee der erhöhten Vulnerabilität, der postulierten Ich-Schwäche, der Ich-Defizienz, die sich in geringer Angsttoleranz, erhöhter durch Frustration bedingter Aggressivität oder mangelhafter Ausreifung von Ich-Funktionen darstellen kann (Ichpsychologischer Ansatz). Beim schizophrenen Menschen ist es andererseits zu einer mangelhaften Ausbildung von klar definierten und abgegrenzten Objekt- und Subjektrepräsentanzen gekommen. Durch Belastungen im weitesten Sinn kann es zu einer regressiven Wiederverschmelzung von Objekt- und Subjektimagines kommen, die Differenzierung von Selbst und Nichtselbst löst sich auf (Objektpsychologischer Ansatz). Die Psychose wird schließlich auch als Ausdruck der Abwehr von das Ich überfordernden libidinösen oder aggressiven Strebungen interpretiert, wodurch man die hohe Inzidenz schizophrener Psychosen zum Zeitpunkt der Pubertätsjahre erklärt (Triebpsychologischer Ansatz). Dieses letztgenannte Triebmodell befasst sich im Gegensatz zum Traumamodell, auf das ich später ausführlicher eingehen werde, mit der inneren Realität des Betroffenen, mit seinen Phantasien und ihren unbewussten Anteilen.

Die zwei Kardinalsymptome der paranoiden Schizophrenie, Halluzinationen und Verfolgungswahn, werden nun folgendermaßen gedeutet:

Halluzinationen stellen einen Ersatz für die durch die Regression verloren gegangenen Wahrnehmungen und den Verlust der Denk- und Sprechfunktion dar. In diesem höchst bedrohlichen Zustand von Hilflosigkeit werden innere Triebkräfte nach außen projiziert und erlebt, als handle es sich bei ihnen um äußere Wahrnehmungen. Oft vermischen sie sich auch mit noch tatsächlich gemachten Wahrnehmungen. Halluzinationen werden häufig so real erlebt, dass ihre Objektivität nicht in Zweifel gezogen wird, sie erinnern daher an einen Zustand primärer, halluzinatorischer Wunscherfüllung. Auch dieser Bruch mit der Realität folgt also dem Muster der Regression, der Patient sinkt in ein Stadium zurück, in dem er lebte, bevor er die Fähigkeit zur Realitätsprüfung erwarb, der Primärprozess überwiegt nun. Nach diesem Bruch schafft sich nun der Schizophrene durch Restitutionsphänomene eine neue Realität, die ihm angenehmer ist und häufig Wunscherfüllungscharakter hat. Die psychotische Angst wird dadurch gemildert. Halluzinationen stellen also Restitutionsphänomene dar, sie sind Ausdruck keimender Objektbeziehungen, sind in ihrer Bedeutung mit der Bedeutung der Stimme der Mutter für den Säugling vergleichbar. Doch nicht immer haben Halluzinationen einen angenehmen, beruhigenden Inhalt, oft sind sie extrem schmerzhaft und beängstigend.

Zurückgewiesene Teile der Realität, des Es oder des Über-Ich, vor denen das Ich floh, kehren nun, projiziert in die Außenwelt, auf bedrohliche Art und Weise zurück. Besonders deutlich wird dies bei jenen schizophrenen Halluzinationen, die die Drohungen und Bestrafungen des Über-Ich darstellen, die das Ich zu bekämpfen versucht hat.

Die Wahnbildungen sind wie die Halluzinationen Fehlurteile über die Realität, die auf Projektionen beruhen. Sie sind jedoch viel komplexere Vorstellungsmuster. Auslöser sind aggressive Wünsche, die aufgrund ihrer Massivität abgewehrt, externalisiert werden müssen. Gelegentlich sind auch sie als Wunscherfüllungen (Liebeswahn) aufzufassen, meistens jedoch haben sie einen schmerzhaften und sehr beängstigenden Charakter. Die verlorenen Anteile der Realität sollen auf diese Art ersetzt werden, sie enthalten gleichzeitig Teile der zurückgewiesenen Realität, aber auch Anteile abgewehrter Triebregungen und projizierte Ansprüche des Über-Ich. Während Halluzinationen als Ausdruck eingeschränkter, selbständiger und damit von den primären Bezugspersonen abgegrenzter Denk- und Sprechfähigkeit verstanden werden können, so fehlt bei der paranoiden Symptomatik die Fähigkeit zu gerichteter Aufmerksamkeit und Herstellen von Bedeutungen als Ich-Funktion. Das Ich reift nicht zu jener Autonomie heran, in der es in der Lage ist, selbst über Art und Richtung von Strebungen und Wünschen zu entscheiden.

Diese psychoanalytischen Vorstellungen und Überlegungen zur Psychosenentstehung unterliegen stetigen Veränderungen und mannigfaltiger Kritik. Einerseits werden sie zunehmend ergänzt durch die Erkenntnisse der Säuglingsforschung, die dem Säugling mehr Kompetenz, allerdings eher perzeptiver und kognitiver als emotional-affektiver Art, zuspricht, andererseits spielen die Ergebnisse der Bindungstheorie, dazu später, eine große Rolle. Die psychoanalytisch orientierte Entwicklungspsychologie wird ständig durch neue Erkenntnisse erweitert. So gibt es viel Literatur zur Frage, ob das Kind tatsächlich eine symbiotische oder autistische Phase durchmacht. Margaret Mahlers Entwicklungskonzept, das ja für die Psychosenlehre der Psychoanalyse eine zentrale Rolle spielt, wird mehr und mehr hinterfragt, denn in der Säuglingsforschung gibt es wenig Hinweise für Autismus oder Symbiose. Es scheint viel eher so zu sein, dass der

Säugling schon recht früh in der Lage ist, seine Umwelt scharf wahrzunehmen und auch zwischen Selbst und Objekt klar zu unterscheiden. Unklare Selbst- und Objektgrenzen, Verschmelzungsgefühle, Abgrenzungsprobleme dürften eher als sekundäre, reaktive Phänomene auf eine entwicklungsfeindliche, Individuations- und Autonomiebestrebungen erstickende Atmosphäre zu werten sein. Dem Säugling werden zwar durchaus „symbiotische Momente" (Pine 1990) zugestanden, doch die Auflösung von Ich-Grenzen wird heute als Resultat hochpathologischer Beziehungen aufgefasst. Die Symbiose wird zum Zufluchtsort überforderter, frustrierter, vielleicht auch traumatisierter Säuglinge.

Überzeugt bin ich auch, dass, ähnlich wie bei der „Geschichte der Borderline-Theorie", es bei der Auseinandersetzung mit der Schizophrenie zu einer Schwerpunktverlagerung kommen wird mit einer zunehmenden Betonung und Bearbeitung von realen Traumatisierungen oder ausgesprochen pathologischen Interaktionsmustern nicht nur in den Phasen frühkindlicher Entwicklung. Beim Borderline-Patienten glaubte man ja, dass er in der frühkindlichen Entwicklung nicht in der Lage gewesen sei, zwischen guten und bösen Fragmenten von Selbst- und Objektrepräsentanzen eine Verbindung herzustellen. Diese Spaltung, vermuteter Teil der natürlichen Entwicklung jedes Individuums, sei nicht überwunden worden und präge nun die Beziehungsgestaltung. Auch hier widerspricht die Säuglingsforschung, auch in diesem Zusammenhang belegt man, dass der Säugling immer in der Lage ist, einheitliche, umrissene und vollständige Repräsentanzen von Selbst und Objekt wahrzunehmen, und dass Spaltung Ausdruck des Zusammenbruchs primär vorhandenen, einheitlichen Selbst- und Objektempfindens ist, Resultat ängstigender, inkongruenter oder überfordernder Erfahrungen mit den Bezugspersonen.

Andere Aspekte der Säuglingsforschung, die neue Affekttheorie, die bereits dem Neugeborenen ein umfangreiches Repertoire an Affekten zugesteht, die Fähigkeiten des Säuglings zur Beziehungsgestaltung, die Entwicklung des Denkens, das stark sensomotorisch und realitätsbezogen und nicht halluzinatorisch wunscherfüllend angelegt ist, Theorien zur Phantasieentwicklung und den Abwehrmechanismen scheinen auch den oben angeführten Psychosekonzepten zu widersprechen. Das tun sie aber nicht.

Man muss nur einen Schritt zurückgehen, man muss den Schluss zurücknehmen, dass die Rekonstruktion der frühkindlichen Entwicklung psychotischer oder Borderline-Patienten für alle Menschen gilt, dann können sich bisherige psychoanalytische Konzepte mit den neuen Forschungsergebnissen zu Konstrukten verknüpfen, die der Wahrheit immer näher rücken.

So scheint es mir zum Beispiel durchaus möglich, Denken, Fühlen und Handeln schizophrener Patienten zu verstehen, wenn ich das Mahlersche Entwicklungskonzept gegen die bahnbrechenden Vorstellungen von Stern (1985) austausche, der in den Mittelpunkt seiner Überlegungen das sich entwickelnde Selbstempfinden des Säuglings stellt. Die Idee der Regression im Rahmen von schizophrenen Psychosen zu Fixierungspunkten in den sensiblen Phasen der sich stetig und parallel entwickelnden Formen der Selbstempfindung (Empfindung eines auftauchenden Selbst, Kernselbst, subjektiven Selbst, verbalen Selbst) kann schizophrene Menschen sehr gut verstehen helfen und das selbstpsychologische Modell zum Verständnis der Schizophrenie (Stichwort: Selbstwerterleben) bereichern. Den interessierten Leser kann ich nur einladen, sich mit den spannenden Thesen von Stern auseinander zu setzen und dieses Gedankenexperiment zu machen.

Nun noch kurz ein weiterer Punkt: Klassische Psychoanalyse ist als Therapie bei Schizophrenen nicht geeignet. Hier kann sie nicht leisten, was sie zum Verständnis der Psychosen beigetragen hat. Jedoch ist eine vorsichtige, langfristig angelegte, den Patienten stützende, psychodynamisch orientierte Therapie (Einzel- oder Gruppentherapie) sicher indiziert und auch erfolgreich. Im Rahmen einer den Patienten akzeptierenden und sein Selbst stärkenden und stabilisierenden Grundhaltung und empathischen Begleitung können natürlich auch Übertragungsphänomene, Wiederholungen und Sinn von Abwehrmechanismen angesprochen oder gedeutet werden. Aus einer gelungenen auf Vertrauen und Akzeptanz fußenden therapeutischen Beziehung heraus, können Stabilisierung, Nachreifung, noch ausständige Individuationsschritte und Objektkonstanz in gewissem Umfang erreicht werden. Bei psychotischen Episoden im Sinne schizophrener Reaktionen kann nach Stabilisierung und Gesundung eine aufdeckende, auch klassische Psychoanalyse erfolgen.

Herr E.

Eine Begegnung im Übertragungsfeld

Vor der besonderen Art der Darstellung dieser faszinierenden Begegnung muss ich etwas ausholen.[2] In der Psychoanalyse werden Gefühle, die sich während der psychotherapeutischen Behandlung im Patienten regen als Übertragung bezeichnet. Der Psychoanalytiker Greenson definiert diesen Begriff folgendermaßen:

"Übertragung ist das Erleben von Gefühlen, Trieben, Haltungen, Phantasien und Abwehr gegenüber einer Person der Gegenwart, die zu dieser Person nicht passen, sondern die eine Wiederholung von Reaktionen sind, welche ihren Ursprung in der Beziehung zu wichtigen Personen der frühen Kindheit haben und unbewußt auf Figuren der Gegenwart verschoben werden." (Greenson 1973, 183)

In der Übertragung werden also neurotische Konflikte, Ausdruck unerledigter Wünsche und Sehnsüchte primären Bezugspersonen gegenüber, nun verschoben auf den Therapeuten, reaktiviert. Die therapeutische Chance liegt in der Bearbeitung und Bewusstmachung dieser Übertragungsphänomene. Schizophrenen Patienten wurde ja lange Zeit unterstellt, nicht übertragungsfähig und daher auch nicht mit psychoanalytischen Methoden therapierbar zu sein. Wer aber mit solchen Patienten arbeitet, weiß, dass gerade schizophrene Patienten besonders heftig und intensiv übertragen.

Jene Gefühle wiederum, die sich in der Auseinandersetzung mit einem Klienten im Therapeuten regen, werden als Gegenübertragung bezeichnet. Verstand man unter Gegenübertragung am Beginn der Psychoanalyse noch Gefühle des Analytikers, entstanden ausschließlich als Reaktion auf die Übertragung des Analysanden, unabhängig vom Analytiker selbst, die den therapeutischen Prozess eher stören und daher möglichst unterdrückt

---

2 Im folgenden sind Passagen wörtlich übernommen aus Oberlerchner Herwig: Der Kaspar-Hauser-Mythos. Psychoanalytisch orientierte Assoziationen auf den Spuren des rätselhaften Findlings. Verlag Wissenschaft & Praxis: Sternenfels; Berlin. 1999.

werden sollten, wird die Gegenübertragung heutzutage als wichtiges therapeutisches Werkzeug angesehen, das bewusst und gezielt im therapeutischen Prozess eingesetzt werden soll. Aber das Spektrum der Sichtweisen zu diesem Begriff ist nach wie vor groß und reicht von der ausschließlichen Reaktion des Analytikers auf die Übertragung des Analysanden hin zur eigenständig aus der Biographie des Analytikers entstehenden und zu verstehenden Gefühlswelt des Therapeuten.

Drei Konzepte lassen sich grob unterscheiden:

Das *defensiv-objektivierende Gegenübertragungskonzept* sieht in der Gegenübertragung die Reaktion des Analytikers auf die Übertragung des Analysanden, die den therapeutischen Prozess stört und daher unterdrückt werden sollte. Die vom Analytiker geforderte strenge Abstinenz dehnt sich sogar auf sein reaktiv entstehendes Gefühlsleben aus, das nicht zugelassen werden darf, sonst würde der Therapeut die Forderung nach maximaler Zurückhaltung im Sinne der Erwartung von weitestgehender Objektivität verletzen.

Instrumentelle Gegenübertragungskonzepte geben der Gegenübertragung des Analytikers schon viel mehr Bedeutung. Körperempfindungen, Gefühle, Gedanken und Handlungstendenzen sollen als Informationsquelle und Antwort auf die Übertragung des Analysanden verstanden, ausgewertet und schließlich auch bewusst als Werkzeug in den therapeutischen Prozess eingebracht werden. Dieses Konzept fasst zwar den Therapeuten nicht mehr als Spiegel auf, in dem sich das Gefühlsleben des Analysanden reflektiert, sieht aber den Therapeuten doch noch weitgehend als Reagierenden und die Achse Übertragung–Gegenübertragung weitgehend unidirektional vom Analysanden ausgehend. Dieses Konzept bietet aber die Chance, eigene, nicht durch den Analysanden induzierte Gefühle von den reaktiven Gefühlsanteilen zu differenzieren und Eigenes vom Fremden zu unterscheiden.

Interaktionelle Gegenübertragungskonzepte kritisieren nun diese Sicht der Unidirektionalität und der kausalen Verknüpfung. Im Beziehungsgeflecht Analytiker–Analysand wird nicht mehr diese strenge Trennung von Eigenem und Fremdem gefordert, Übertragung und Gegenübertragung sind vielmehr Teile der Interaktion zweier oder auch mehrerer Personen. Die Gefühle, Gedanken, Körperempfindungen und Handlungsimpulse werden als Teile einer realen Beziehung verstanden, „die von beiden Beteiligten gemäß ihrer unterschiedlichen Rollen gestaltet und fortentwickelt wird. Die Rolle des Analytikers sieht vor, die Beziehungskonflikte mit seinem Patienten nicht nur zu 'beantworten', sondern als inneren Konflikt selbst zu erleben und durchzuarbeiten." (Körner 1990, 97)

Dass das jeweilig verbreitete und vom einzelnen Therapeuten oder Forscher angewandte Gegenübertragungskonzept natürlich sehr stark mit der jeweiligen Person, deren Biographie und gesellschaftshistorischen Hintergründen zusammenhängt, zeigt Andrea Gysling sehr eindrucksvoll in ihrem Buch „Die analytische Antwort. Eine Geschichte der Gegenübertragung in Form von Autorenportraits." (Gysling 1995) Sie spannt darin einen weiten Bogen von Freuds ersten, noch eher warnenden Aussagen zum Phänomen der Gegenübertragung im Jahre 1910 bis zu den modernen Gegenübertragungskonzepten.

Wie kann man nun diese Gegenübertragungskonzepte auf den nicht therapeutischen Kontakt zu einem Patienten zum Beispiel im Rahmen der Krisendiensttätigkeit anwenden?

Ich reagiere, zwar nicht in einem therapeutischen Kontext, aber doch mit allen mir möglichen Gefühlen, Handlungsimpulsen, Gedanken und Körperempfindungen auf das außergewöhnliche Schicksal eines mich faszinierenden Menschen. Ich setze mich intensiv mit der Geschichte dieses Menschen auseinander, grüble nach, spüre in mich hinein und entdecke immer wieder Neues, nicht unähnlich dem Archäologen angesichts einer neuen Ausgrabung oder dem Analytiker in der therapeutischen Begegnung mit dem Analysanden. Die Sinne sind aber nicht nur nach außen gerichtet, die Augen offen und die Ohren gespitzt, um von außen kommende Information aufzunehmen, sondern Aufmerksamkeit und Wahrnehmungsfähigkeit sind auch nach innen gerichtet, im Sinne einer ständigen Introspektionsbereitschaft. Auch hier gibt es eine Parallele zum psychoanalytischen Behandlungskontext, denn auch der Analytiker benötigt als Werkzeug, zusätzlich zur Aufmerksamkeit und „Responsivität", zu verstehen als die Bereitschaft, eine vom Analysanden angebotene, komplementäre Rolle zu übernehmen, diese Introspektionsbereitschaft.

Der Psychoanalytiker Wegner benennt diese drei Säulen der Psychoanalyse in einem Artikel mit den englischen Bezeichnungen „free floating attention, free floating responsiveness, free floating introspectiveness", wobei er diese gleichschwebende Introspektionsbereitschaft besonders hervorhebt, da sie eine Voraussetzung darstellt, fähig zu sein, die Gegenübertragung im eigenen Inneren überhaupt wahrzunehmen (vgl. Wegner 1992, 286 ff.).

Diese durch Introspektion sich erschließende Quelle von Informationen, zusammengefasst unter dem Begriff Gegenübertragung, erkenne ich, reflektiere ich und lasse sie nun wieder in mein Verhalten gegenüber meinem Klienten einfließen, ganz im Sinne des interaktionellen Gegenübertragungskonzeptes.

Anhand einer **Fallgeschichte**, meinem Kontakt mit dem Klienten Herrn E. will ich das nun erläutern. Diese Begegnung spielt sich in den Monaten April bis August 1996 ab, der erste Kontakt wird durch ein Telefonat mit der Schwester meines zukünftigen Propheten hergestellt.

Ein Sonntag im April 1996, 8 Uhr morgens:

Schwester: Ich rufe an, weil es mit meinem Bruder wieder schlimm wird. Er hat schon wieder diesen Blick wie damals. Man muss schnell etwas unternehmen, damit es nicht zu spät ist wie damals. Können Sie nicht gleich kommen? Man sollte keine Zeit verlieren. Sie sind doch vom Psychiatrischen Not- und Krisendienst. Also bitte kommen Sie! Aber bitte sagen Sie ihm nicht, dass ich angerufen habe, dann beschimpft er mich wieder jedes Mal, wenn er mich sieht. Mein Bruder ist 28 Jahre alt, von Beruf Kraftfahrer, er fährt wieder wie wild mit dem Auto, hört extrem laut Musik im Auto, wir haben alle Angst vor ihm. Vor eineinhalb Jahren begann es ähnlich, damals hatte er auch diesen wilden Blick. Er war ja schon einmal bei euch unten in der Psychiatrie. Dort muss er wieder hin, es hilft jetzt sicher gar nichts mehr anderes. Reden kann man mit ihm sicher nicht mehr. Die Mutter ist schon weggegangen aus dem gemeinsamen Haus aus Angst vor ihm und jetzt ist sie bei uns, das kann ja wohl nicht sein. So geht das nicht. Bitte sagen Sie nicht, dass jemand von der Familie sie gerufen hat und passen sie auf, er kann sehr wild werden, oder er macht Ihnen etwas vor und verhält sich wie ein Lämmchen. Wann können Sie kommen? Ich beschreibe Ihnen jetzt den Weg. Aber passen Sie genau auf, es ist sehr entlegen, am besten Sie fahren von der Autobahn ab, dann durch den Ort, dann eine Abzweigung nach links zwischen zwei Höfen durch den Waldweg bis zu einem älteren kleinen Haus, Sie können es nicht verfehlen, es ist vorne ein Misthaufen, dann der Stall, dann das Haus. Wenn er daheim ist, steht vorn sein blauer Mercedes. Aber warten Sie, die Mutter will auch noch mit Ihnen reden.

Meine Gegenübertragung: Jetzt ist es also vorbei mit dem ruhigen Sonntag-Krisendienst und gleich in der Früh so eine Geschichte. Ich bin noch nicht einmal richtig munter und die redet schon so viel und so laut und so eindringlich. Lass mich doch einfach in Ruhe. Lass doch auch deinen Bruder in Ruhe Auto fahren. Wenn ich dich so höre mit deiner penetranten Stimme, kann ich mir den wilden Blick des Bruders schon vorstellen. Vielleicht will er auch nur seine Ruhe vor dir? Er hat sicher Magenweh, so wie ich jetzt.

Aber die Pflicht ruft, wir werden wohl ausrücken müssen. Also, noch einmal, was hat sie da alles erzählt. Er fährt schnell mit dem Auto und hat einen wilden Blick, und es fängt wieder so an wie damals. Wenn man alle mit wildem Blick hinterm Steuer ihres Autos und alle, die zu schnell fahren, in die Psychiatrie bringen würde? Nur deswegen kommt niemand in die Psychiatrie, das ist doch banal. Marlon Brando, rotes Hemd, schwarze Lederweste.

Wo ist das überhaupt, ich kenne die Gegend überhaupt nicht, und wie lange brauche ich da hin. Und wenn er nicht da ist? Und dann soll ich gleich meinen Kontakt mit einer Lüge beginnen. Grüß Gott, Herr E., mich hat nicht ihre Familie gerufen, ich komme nur zufällig so vorbei, und weil ich schon einmal da bin, nehme ich sie gleich mit in die Psychiatrie, sie schauen nämlich zu wild. Hat man ihnen den wilden Blick und das schnelle Autofahren beim letzten Mal nicht ausreden können? Die Mutter ist schon weg, na Gott sei Dank, wird ja auch Zeit, dass du selbständig wirst, wenn du nicht gehst, muss sie halt gehen. Hast sie wohl mit deinem wilden Blick hinausgetrieben. Jetzt ist sie also bei der Tochter, und die ruft gleich den Krisendienst an, damit man den Bruder abholt, damit die Mutter wieder ins Haus zurück kann. Diese

HERR E.

Mutter, die will wohl keiner mehr. Vielleicht wirst du so endlich erwachsen, schickst die Mutter einfach aus dem Haus.

Er ist Kraftfahrer, die haben ihre Autos in Kontrolle, fahren gut, da hätte ich keine Sorge, vielleicht bleibt ihm nur noch das Autofahren als Akt der Selbständigkeit, als Quelle für Selbstwertgefühl. So viele PS zähme ich, ich lasse den Motor aufröhren, ich hab's im Griff, noch einmal Gas und einen wilden Blick aufgesetzt. Er müsste einen Cowboyhut tragen und auf einem Zigarrenstumpf herumkauen, breitbeinig gehen, steif vom vielen im Auto sitzen. Breite Schultern, großer Kopf, O-Beine, zusammengekniffene Augen. Mutter, es reicht mir, hau ab, ich brauche Platz im Haus für ein Baby, eine Freundin.

Ist er jetzt brutal und unberechenbar oder ein friedfertiges Lämmchen, das sich nur hinter einer wilden Fassade versteckt? Ist er einsam? Niemand schafft es, hinter seine wilde Fassade zu dringen, er vertreibt alle, wünscht sich aber eigentlich Nähe. Fahrt doch alle mit mit meinem tollen Auto, ich bin ein guter Fahrer, merkt ihr das nicht. Na, wenn ihr das nicht merken wollt, dann fahre ich euch halt übern Haufen.

Die Mutter: Grüß Gott, Herr Doktor. Wenn Sie zu meinem Sohn schauen könnten, das tät mich so beruhigen, ich weiß nicht, was er alles anrichtet, der dumme Bub. Vielleicht schlägt er alles kurz und klein. Es ist so gut gegangen, die letzten eineinhalb Jahre, wir haben uns gut verstanden, er ist brav zur Arbeit gegangen, und jetzt schaut er wieder so wie damals. Der selbe Blick. Ich bin heute weg gegangen in der Früh, weil er hat in der Nacht schon so viel getrunken und herumgeschimpft, und bevor er wieder explodiert, gehe ich lieber. Obwohl mir das so schwer fällt, ich habe nämlich Rheuma, habe arge Gelenkschmerzen vor allem in der Hüfte und in den Schultern, gehe nur mit zwei Krücken, habe bis zur Tochter fast eine Stunde gebraucht und bin jetzt fix und fertig. Bitte helfen Sie meinem Sohn. Er braucht Hilfe, ja die Medikamente nimmt er schon, er geht auch regelmäßig zum Hausarzt und zum Psychiater, er muss ja diese Blutabnahmen haben, weil er Leponex nimmt, früher hat er auch eine Spritze bekommen, jetzt geht es mit dem Leponex ganz gut, aber ob er sie wohl immer nimmt? Ich frage ihn immer und schreibe ihm auch die Termine der Arztbesuche in seinen Kalender, aber jetzt ist er immer mürrischer geworden. Er wird bald so wild sein wie damals, damals hat

HERR E.

er mit der Motorsäge alle Obstbäume umgeschnitten, mindestens fünf große Apfelbäume hat er umgeschnitten, man sieht die Stümpfe noch. Er hat ja Stimmen gehört, und die haben ihm gesagt, dass ich der Satan sei, und dann hat er mich mit dem Messer verfolgt, und ich konnte mich gerade noch in den Stall retten und von innen verriegeln, und er hat Kreuze an die Stalltür gesprüht und die Tür besprüht mit silbernem Lack. Meine Tochter fragt, wann Sie jetzt endlich kommen könnten.

Gegenübertragung: Ein Bild des Jammers, die arme alte Frau schleppt sich im Morgengrauen durch den düsteren, nebeligen Wald und rettet sich gerade noch vorm herumpreschenden Sohn im blauen Mercedes. Wenn er sie nun in einer unübersichtlichen Kurve erwischt hätte?

Eine penetrante Stimme hat diese Mutter, so leise säuselnd, so schwach und dünn und doch so eindringlich. Sie macht mich irgendwie wütend. Die Stärken der Frau sind ihre Stimme und ihre rheumatischen Gelenke. Wie kann dieser Unhold von Sohn sie nur aus dem Haus jagen, die kann ja kaum gehen, und mit dem Messer in den Stall treiben. Woher kommt dieser Hass, diese Wut, was war der Auslöser? Sprüht mit silbernem Lack die Eingangstür des Stalles an. Welch symbolträchtiges Bild, welch Metapher. Der verschoben ausagierte, nicht sublimierte Kampf mit dem Inzesttabu, er verfolgt die Mutter mit seinem Penis-Messer, sie schleppt sich gerade noch in den Stall, verriegelt von innen, und er spritzt ab und rahmt mit seinem Sperma die Tür ein. Warum hat er nicht mit dem aufjaulenden Mercedes die Tür niedergefahren? Dann erfolglos, keimt der Strafimpuls in ihm, und er kastriert sich selbst mit der Motorsäge, schneidet seinen Phallus in Form der Apfelbäume um, kastriert sich selbst. Die Stümpfe ragen in den nebeligen Himmel. Die Motorsäge dröhnt mindestens so laut wie die 250 PS seines Mercedes. Bevor das sexuelle Ungestüm des Sohnes wieder zu groß wird, schleppt sich die Mutter gebückt auf ihre Krücken mit den krachenden und quietschenden Gelenken lieber davon.

Ich brauche Hilfe. Wo sind denn hier die Männer in der Familie, wo ist der Vater, als derjenige, der die Kastrationsandrohung verkörpert? Gibt es nur Frauen in dieser Familie, warum rotten sich die Männer nicht zusammen und bringen den Rasenden zur Vernunft? Warum ziehen denn alle anderen ihre Schwänze ein.

Ich soll da hinfahren, mich von dem Berserker mit der Motorsäge bedrohen lassen, vielleicht schneidet er mir den Kopf ab und verscharrt mich im Stall, in der entlegenen

Herr E.

Gegend findet mich niemand mehr. Meine Kehle wird trocken, ich bekomme Angst. Wer hat eigentlich heute Zweier-Dienst? Soll ich das wirklich wagen, mit meiner Kollegin Frau H. dort hinfahren. Vielleicht rufe ich zuerst gleich die Polizei zu Hilfe, ich will noch leben. Bin ich Mann genug für diesen Wilden?

Immerhin, er nimmt seine Medikamente, er ist ja doch krankheitseinsichtig. Was hat er denn für eine Krankheit? Episoden von Stimmenhören, Realitätsverkennung, ohnmächtige Wut und Aggressivität, Wahn, Bedrohungsgefühle, desorganisiertes Verhalten, spricht auf Neuroleptika an. Paranoide Schizophrenie? Schizoaffektive Psychose? Trinkt er viel Alkohol? Schläft er wenig? Blöderweise komme ich am Wochenende nicht zu seiner Krankengeschichte. Vielleicht aber auch alles übertrieben, späte Pubertätskrise, völlig verpatzter Ablösungsprozess, eine grauenhaft nervtötende Mutter, eine schizophrenogene Mutter, eine schizophrenogene Familie? Hat ihn das Inzesttabu nicht früh genug aus dem Haus getrieben? Sind da nicht in den ersten beiden Gesprächen bereits einige double binds enthalten? Ist die Familienstruktur so rigide, dass sie keine Rollenänderung zulässt? Darf er sich nur autonom fühlen als wütender Berserker? Ist der Misthaufen vor dem Stall nicht Symbol genug für die aufgestaute Pathologie in der Familie? Drei Generationen braucht es, bis die Schizophrenie sich in Familien manifestiert, bis der Misthaufen zu groß wird.

Mein Arbeitsauftrag von der Familie, alles soll wieder so werden wie früher, Mutter und Sohn friedlich im Haus, der Sohn pünktlich beim Arzt, pünktlich bei der Arbeit, brav die Medikamente nehmend, mit der Mutter am Abend vorm Fernseher im Herrgottswinkel, die Töchter wissen die Mutter versorgt, so geht sie ihnen nicht auf die Nerven.

Nach kurzem Überlegen rufe ich den für die Straße von Familie E. zuständigen Gendarmerieposten an.

Ein Sonntag im April 1996, um 8 Uhr vierzig:

Gendarmerie: Nein sie hätten in letzter Zeit nichts von Herrn E. gehört. Damals vor zwei Jahren, damals sei er auffällig gewesen, er sei mit dem Laster auf der Bundesstraße nur dreißig Kilometer pro Stunde gefahren, andere Autofahrer hätten dann den Posten verständigt, und man hätte Herrn E. gestoppt und aus dem Laster geholt. Er sei irgendwie kaum ansprechbar gewesen damals, hätte irgendwie verwirrt gewirkt, hätte mehrmals laut vor sich hin gelacht, man hätte den Eindruck gehabt, er führe innere Zwiegespräche. Er hätte immer gesagt, dass er die Mutter weghaben wolle, dass er endlich eine Garage für sein Auto bauen wolle, und er deshalb ein Grundstück verkaufen wolle, was die Mutter nicht erlaube. Sie sei der Leibhaftige, hätte er auch gesagt. Er sei aber nicht aggressiv gewesen. Er sei dann vielleicht zwei Wochen in der Psychiatrie gewesen, hätte danach wieder im Haus der Mutter gelebt, der Vater sei ja schon vor Jahren im Suff gestorben und hätte wie verrückt geraucht, er hätte dann einen Herzinfarkt gehabt. Der Vater sei auch bekannt gewesen als Säufer und früher hätte man auch ab und zu zum Hof fahren müssen, weil der Alte so geschrien und wohl auch die Frau geschlagen hätte. Drei Töchter gebe es, die eine, die mich angerufen hat und noch zwei. Alle haben sie Probleme, wird gemunkelt, Genaueres wisse er aber nicht. Nein, der E. sei in letzter Zeit nicht aufgefallen, im Gegenteil, er sei bei der Firma jetzt schon seit längerem, sei angeblich ein verlässlicher Fahrer, sei auch nicht als gewalttätig bekannt. Ja, sie würden mich natürlich unterstützen, wenn es Probleme gäbe, der Posten sei immer besetzt. Aber sie glauben eher, dass die Frauen in der Familie übertreiben.

Gegenübertragung: Dachte ich es mir doch, ein von den Frauen in der Familie in die Ecke getriebener Mann wird, bevor er ganz sein Selbstwertgefühl und sein Gesicht verliert, als Reaktion auf Erniedrigungen aggressiv. Und wahrscheinlich ist er traumatisiert. Alkoholkranker, aggressiver Vater, hat wohl alle in Angst und Schrecken versetzt. Die Kinder ziehen in Panik die Decken über den Kopf, wenn sie den Vater vom Wirtshaus heimpoltern hören. Oft hat er wahrscheinlich schon beim Stall nach der Frau geschrien und erst recht im Haus weitergebrüllt, die Türen geschmissen, vielleicht die Frau geschlagen. Der Sohn hat sich dann mit diesem schrecklichen, faszinierenden Vater identifiziert, trinkt jetzt auch, brüllt und bedroht auch, versetzt die Frauen in Schrecken. Internalisierung des Vaters vielleicht auch als Ausdruck eines unbewältigten Trauerprozesses?

Der erstgeborene und einzige Sohn wird aber auch seiner Rolle nicht gerecht. Kein Vieh mehr im Stall, einige Grundstücke schon verkauft, sogar der Misthaufen vor dem Stall schon alt und mickrig, sonst Ausdruck reicher Bauern. Je mehr Dreck vorm Stall, desto reicher der Bauer. Der Sohn als Versager, die Landwirtschaft gestorben, die Identität als Landbesitzer dahin, der Mercedes ein nicht standesgemäßer Trost. Eine Gene-

ration baut den Hof auf, die nächste lebt gut von ihm, die dritte versäuft ihn. Elend, die gebrechliche Mutter, der mickrige Misthaufen, die kastrierten Apfelbäume, der Lasterfahrer, ehemals Bauer. Und auch die Töchter sind kein Grund des Stolzes, alle haben Probleme. Der Abstieg einer Familie.

Ein Sonntag im April 1996, um zehn Uhr fünfzehn:

Ich verständige etwas nach neun Uhr meinen Zweierdienst, wir vereinbaren einen Treffpunkt, im Auto gebe ich alle meine bisherigen Informationen weiter, wir tauschen unsere Assoziationen aus, beschließen keinerlei Risiko einzugehen und das Auto so zu parken, dass wir sofort losfahren können, unversperrt und in Rückfahrtrichtung, die Nummer des Gendarmeriepostens habe ich im Handy gespeichert.

Meine Kollegin kennt sich in der Gegend aus, tatsächlich finden wir in relativ kurzer Zeit das entlegene Haus. Ich wende das Auto, stelle es auf die Straße unter dem Stall, wir steigen aus, es ist kalt, feucht und nebelig. Wir sind beide ängstlich und aufgeregt. Rechts der baufällige Stall, ein altes Förderband, ein mickriger Misthaufen. Die Stalltür mit silbernem Spray eingerahmt, oben ein silbernes Kreuz, es sieht aus wie das Tor zu einer Kapelle. An den Wänden aufgesprühte Schriftzeichen, Abkürzungen. Zwischen Haus und Stall eine leere Hundehütte, auch sie silbern angesprüht, auf dem Dach der Hütte prangt der Familienname E.

Das Haus alt, aber irgendwie freundlich, dunkelgelb, Holzläden, oben ein Holzbalkon, Halbstock, kein Licht, alles sehr still. Kein Mercedes zu sehen. Unter dem Haus auf der anderen Seite der Straße ein ehemaliger Obstgarten, jetzt Wiese, ein paar Baumstümpfe, schon etwas vermodert, stehen herum. Stacheldrahtumzäunt. Hinter dem Haus eine noch unverputzte Garage, der rohe Ziegel, darin ein blitzblanker, dunkelblauer Mercedes, hinten auf der Ablage einer dieser Plastikhunde, die ständig nicken bei kleinster Erschütterung, daneben ein roter Polster mit der Handstickerei: Gute Fahrt.

Wir gehen zum Haus, am Windfang, dem Vorraum, keine Klingel, die Haustür versperrt, wir zögern.

HERR E.

Gegenübertragung: Es sieht alles genau so aus, wie ich es mir vorgestellt habe. Nur diese Stille, die macht alles noch unheimlicher. Mir zittern die Knie. Schläft unser Lämmchen friedlich im Bett oder lauert er schon irgendwo, hat den Hund losgebunden und steht mit dem Dobermann im Anschlag hinter einer der Hausecken, in der anderen Hand die startbereite Motorsäge? Hör auf jetzt, das gibt es nur im Horrorfilm, nicht in einer Mittelkärntner Einöde. Oder doch? Vielleicht hat er uns gehört, verkennt uns als Agenten seiner Mutter, vom Satan engagiert, ihn auszutricksen, ihm sein Auto zu stehlen oder ihn zu verhaften, weil er die Mutter bedroht hat.

Und diese blöde Familie, diese blöde Schwester delegiert alles an uns, ich soll generationenübergreifende, verschleppte und sich jetzt zuspitzende Pathologie entschärfen. Habe ich den richtigen Beruf? Eigentlich möchte ich wieder ins Bett, schon gar nicht mein Leben riskieren.

Blauer Mercedes mit nickendem Plastikhund und Pölsterchen, er liebt Kitsch, ist kindlich, vielleicht wünscht er sich nur eine ruhige Ausfahrt mit einer Frau, die ihn bewundert, wie gut er den Mercedes im Griff hat, die Kinder im Fond spielen mit dem Hund, er fährt eine Runde durchs Dorf, man nickt ihm zu dem zwar kleinen, aber doch angesehenen Jungbauern, am Sonntag geht man in die Kirche, am Grund gibt es eine eigene kleine Kapelle, vom Hang sieht man auf den Obstgarten, die Altbäuerin hat bereits gekocht. Idylle, Frieden, Bauernharmonie.

Den Hund in der Hundehütte, jahrelang angekettet, hat er freigelassen, eines Tages einfach laufen lassen. „Mach was aus deinem Leben", hat er ihm nachgerufen, und der Hund lief ohne sich noch einmal umzusehen weg. Er hatte sich oft so identifiziert mit dem Hund, hatte den Eindruck auch sein Lebens- und Rollenspielraum in seiner Familie seien nicht länger als die Hundekette.

Wie oft hatte er den Hund sich in die Hütte verkriechen sehen, wenn der Vater wieder betrunken nach einem Opfer seiner Aggression Ausschau hielt. Besser ein Plastikhund, der nichts spürt, nicht leidet. Als der Hund weglief, das war ein Gefühl von Freiheit, von „endlich genug Luft haben", so fühlt er sich, wenn er im Mercedes Gas gibt.

Wir stellen uns vors Haus und rufen nach Herrn E. Es dauert nicht lange, im ersten Stock wird der Vorhang vorgezogen, ein sehr verkaterter, dicklicher junger Mann, wirres Haar, in Bermudas und Unterleibchen schlurft auf den Balkon über uns, hustet schrecklich und fragt uns mit

HERR E.

nur halboffenen Augen, was wir wollen. Wir sagen ihm, dass eine Schwester uns angerufen hätte, weil sie sich um ihn Sorgen machen würde, und wir würden uns gern mit ihm nur kurz unterhalten. Wenn es ihm aber nicht passe, könnten wir auch ein anderes Mal kommen, wir möchten uns außerdem entschuldigen, dass wir ihn geweckt haben. Er schaut mürrisch zu uns herab, überlegt und fordert uns auf zu warten, er mache bald auf. Im Haus poltert eine Holztreppe, Stille wird immer wieder unterbrochen von heftigstem Raucherhusten, es dauert zehn Minuten, die Windfangtür öffnet sich und Herr E. fordert uns auf, in die Küche zu kommen. Wer wir sind, möchte er wissen, ich beschreibe mit wenigen Worten den psychiatrischen Not- und Krisendienst und zeige auf sein Verlangen hin meinen Dienstausweis. Er entspannt sich etwas, bietet uns einen Platz an der Kücheneckbank an, er setzt sich unter den Herrgottswinkel. Die Küche recht aufgeräumt, rotkarierte Tischdecke, ein alter gemauerter Herd, alles neu verfliest, ein riesiger Aschenbecher voller Kippen, zwei leere Flaschen Bier auf der Anrichte.

Er schaut uns misstrauisch an, also die Schwester schicke uns. Das sei gerade die richtige, die brauche selber einen Psychiater. Es sei schon richtig, dass er einmal in der Psychiatrie war, es gab damals vorher lange Streit mit der Mutter, dann drehte er durch. Er sei fast explodiert vor Hass, weil die Mutter ihm nicht gestattete, ein Grundstück zu verkaufen. Die Mutter sei überhaupt schwierig, es gehe nur gut mit ihr, wenn er alles so mache, wie sie es wolle. Er möchte sie draußen haben, sie sei falsch, krame dauernd in seinen Sachen, verhindere, dass er das Haus so umgestalte, dass er sich wohlfühle. Er habe schon ewig lange keine Freundin mehr gehabt, denn er könne ja auch niemanden mitnehmen, das Haus sei ja nicht herzeigbar, da laufe ja jede an ihm interessierte Frau gleich davon. Ja damals sei er wohl psychotisch gewesen, hätte Stimmen gehört, sei schließlich nicht mehr Herr im eigenen Haus gewesen, alles sei irgendwie verschwommen gewesen, doch jetzt habe er das im Griff, er würde ja auch seine Tabletten nehmen. Er wolle ja schließlich nicht den Führerschein verlieren, das sei ihm das wichtigste überhaupt. Herr E. redet abgehackt, gepresst, atmet schwer, es giemt in seinen Lungen, er hustet immer wieder heftig, schaut uns abwechselnd misstrauisch an, lächelt dann wieder etwas unsicher. Auf mein Nachfragen hin sagt er, dass er schon spüre, dass sich wieder etwas in ihm zu verändern beginne, doch er habe das noch im Griff, wir bräuchten uns keine Sorgen machen. Er passe auf, zeigt uns, wie um uns zu beruhigen eine Packung Leponex. Damals habe er Stimmen gehört, sei in einer anderen Welt gewesen, er wisse, dass er gut auf sich schauen müsse, weil er wieder innerlich so unruhig sei und so wenig schlafe und auch viel Bier trinke, und wenn er alkoholisiert sei, nehme er auch die Medikamente nicht, weil sich das nicht vertragen würde, das sei ihm auch zu gefährlich. Er hätte die Mutter nicht bedroht, es hätte auch keinen Streit gegeben, es sei eher ein chronisch angespanntes Verhältnis zur Mutter. Er steht auf, schaut beim Fenster hinaus, setzt sich wieder.

Gegenübertragung: So wie wir fühlen sich wohl Zeugen Jehovas am Sonntag, wissen ganz genau, dass sie nicht willkommen sind und müssen doch wegen ihres unnachgiebigen Über-Ich ihrer Pflicht nachkommen. Dass er uns überhaupt öffnet, ist erstaunlich. Er hätte einfach runter rufen können, dass wir verschwinden sollen. Doch man hat den Eindruck, dass er sich gut im Griff hat und das nach nur wenigen Stunden Schlaf und mit Restalkohol im Blut. Der kann doch nur stabil und gesund sein, geht vernünftig mit seinen Medikamenten um, kennt seine Dosis, geht regelmäßig zum Arzt, ein kompetenter Patient. Er beobachtet sich, erkennt Anzeichen einer eventuell beginnenden Psychose, hat aber noch alles im Griff. Der hat schon viel verstanden. Autoaggressiv ist er aber, so jung und trotzdem sicher schon ein Emphysem und einen Leberschaden. Hat ihm niemand beigebracht, dass man auch auf seinen Körper schauen muss?

Er ist zwar einmal schizophren gewesen, darf er aber deswegen nicht die Mutter rauseckeln, darf er keine Konflikte haben, darf er nicht wieder einmal schlaflos sein und Bier trinken, es waren ja auch nur zwei? Er denkt doch vernünftig. Solange er nur ein Zimmer im ersten Stock hat, ist er trotz Mercedes keine wirklich interessante Partie für eine Frau, weil ja die Mutter noch das Regiment führt, und wenn er sich zu wehren beginnt, erzählt sie ihm von ihren fürchterlichen Gelenkschmerzen. Also weg mit der Mutter, das Haus umgebaut und Leben zieht wieder ein ins neue, alte Haus. Und seine Familie soll es besser haben, er würde nicht betrunken rumschreien im Haus, so dass sich alle fürchten. Und Tiere hätte er wieder im Stall. Die Mutter steht wirklich im Wege mit ihren Krücken.

HERR E.

Vielleicht einfach sexueller Stau, schon so lange keine Freundin mehr gehabt, vielleicht ist der Triebdruck schon so groß, dass er wild werden muss, er vertreibt die Mutter, bevor er sich an ihr vergeht, oder gibt ihr zumindest zu verstehen, dass er wieder zu allem bereit ist wie damals. Hoffentlich explodiert er nicht und beginnt zu wüten. Wie war das doch mit der erhöhten Gewalttätigkeit bei paranoid Schizophrenen, hat da nicht auch vor kurzem ein Wiener seine Mutter ermordet und ihr den Kopf abgeschnitten und ist dann mit dem Kopf im Plastiksack spazieren gegangen? Nur nicht provozieren, versöhnliche Töne, den Hals kraulen, nur ja nicht kritisieren oder sich gar mit der Mutter solidarisieren.

Er bietet uns selbstgemachten Johannisbeersaft an, mir schnürt es die Kehle zu, ich kann unmöglich einen Schluck machen. Sicher Gift drin.

Nach längerem Schweigen sage ich ihm, dass ich den Eindruck hätte, dass er wirklich seine Situation noch recht gut ihm Griff hätte, dass ich ihm zu seiner Kompetenz gratuliere, ihn aber gleichzeitig bitten möchte, gut auf sich zu achten, denn das Kippen in die Psychose könne ganz schnell vor sich gehen. Wir bieten ihm an, kurz, nur für ein paar Tage ins Krankenhaus mitzukommen und bieten ihm auch regelmäßige Gespräche an, beides lehnt Herr E. dezidiert ab. Wir hinterlassen ihm eine Visitenkarte mit unserer Telefonnummer, falls er uns brauche. Herr E. ist unsicher, wird wieder misstrauisch, kneift die Augen zusammen und verlangt völlig überraschend den Ausweis meiner Kollegin zu sehen, den er lange mustert und prüft. Wieder beruhigt gibt er ihn schließlich mit unverständlichem Gemurmel zurück. Er komme schon zurecht, und die Sache mit der Mutter sei einfach seine Sache, außerdem sei ja die Mutter selber gegangen, also eigentlich die ganze Situation ihre Schuld, nun soll sie schauen, wie sie zurecht kommt. Er würde ihr sicher nichts tun. Ich bekräftige noch einmal, dass er sich im Krisenfall jederzeit an uns wenden könne, und wir verabschieden uns.

Ich verschweige ihm nicht, dass wir nun vorhaben, zu seiner Familie zu fahren, um mit ihnen zu sprechen. Er hat diesbezüglich keine Einwände, verabschiedet sich freundlich, erklärt uns sogar noch den Weg. Ein Gespräch mit seiner Familie lehnt er jedoch zum jetzigen Zeitpunkt ab.

HERR E.

Gegenübertragung: Peinliche Angebote, ein paar Tage im Krankenhaus, Gespräche. Können wir ihm wirklich etwas bieten, können wir wirklich etwas tun für ihn und seine Familie? Sind wir nicht eigentlich hilflos in solchen Situationen? Was bilden wir uns überhaupt ein, da einfach aufzutauchen, nur weil eine Schwester ihren Bruder für schizophren hält und ihn so schnell wie möglich im Krankenhaus wissen will, damit sie die Mutter wieder los wird. Da wird ja ein ganz krummes Spiel mit uns und mit ihm gespielt. Wir werden instrumentalisiert, in eine ganz unbehagliche Rolle gedrängt, benutzt, damit das familieninterne Spiel, durch uns bereichert um neue Aspekte, etwas vielfältiger und bunter weitergehen kann. Wir werden benutzt, um zu garantieren, dass sich nichts ändert. Vorsicht Falle! Es gibt nur eine Form der gelungenen Intervention, ihn, den designierten Patienten, den Index-Patienten in seinen Individuationsbestrebungen zu helfen. Wenn er uns überhaupt braucht, der ist doch völlig fit. Wir haben genau richtig gehandelt, unsere Intervention hat gut gepasst.

Aber Achtung, ist er nicht doch schon bereits psychotisch, hört Stimmen, führt Selbstgespräche, ist voller Misstrauen, schaut uns paranoid an, blickt aus dem Fenster, weil er unsere Nachhut kommen vermutet. Der nimmt doch sicher seine Medikamente nicht, macht uns doch nur was vor, grinst sich jetzt eins, weil er uns so täuschen konnte, lacht, weil er uns und anderen Verfolgern so elegant davonkam. Jetzt redet er vielleicht völlig wirr, wartet noch ein bisschen und zündet dann den Stadel an. Ich kenne mich nicht aus bei ihm, weiß nicht, wie ich dran bin, er ist nicht einordenbar, berechenbar. Hätten wir ihn mitnehmen sollen, als jemanden, der potentiell fremdgefährdend ist und der an einer schweren psychischen Erkrankung leidet, also alle Kriterien des Unterbringungsgesetzes erfüllt?

Ein Sonntag im April 1996, um 11 Uhr dreißig:

Nach nur zwei Kilometern Fahrt kommen wir ins nächstgrößere Dorf, an der Ecke steht ein Gasthaus, daran angeschlossen eine Art Diskothek und eine Kegelbahn. Am Haus keine Klingel, wir gehen einen langen Gang hinein, alles riecht noch entsetzlich nach den Resten einer wilden Landgasthausdiskothekennacht. Wir klopfen an diverse Türen, eine junge Frau macht uns auf, lächelt freundlich, sie putzt gerade die Toiletten, versteht leider kein Wort deutsch, deutet nur auf eine Tür am Ende des Ganges. Wir klopfen wieder. Eine junge Frau, übernächtigt, müde, mit rotumrandeten Augen öffnet uns und stellt sich als die Anruferin und Schwester des Herrn E. vor. Sie bittet uns in ein geräumiges Wohnzimmer, ein Erker geht nach Süden hinaus, die Vorhänge sind noch teilweise vorgezogen, in der Mitte des Raumes ein großer Wäscheständer. Sie ruft ins Nachbarhaus an, die Mutter und ihre Schwester sollen kommen. Wir setzen uns in riesige lederne Polstermöbel. Die Frau wirkt fahrig, ungeduldig, verärgert, aber auch erschöpft. Wird so eine Krankheit niemals besser? Der Bruder muss ins Krankenhaus, das steht fest, er ist gefährlich und jagt einfach die Mutter aus dem Haus, so ein Teufel. Obwohl richtig geholfen hat man ihm ja auch damals im Krankenhaus nicht, geheilt wurde er nicht. Ja, es ging um ein Grundstück, das allen Kindern anteilig gehört. Der Bruder wollte es verkaufen, ohne seine Schwestern zu fragen, die Mutter wies ihn darauf hin, dass das nicht geht, danach explodierte er. Er war aber schon immer komisch. Immer schon hatten sie Angst um die Mutter, dass er der Mutter einmal was tut. Er soll weg, die Mutter hat das ganze Leben geschunden, hat den aggressiven und alkoholkranken Vater ertragen, die Landwirtschaft aufrechterhalten und sich im feuchten Stall die Gelenke verdorben. Und jetzt stopft sie dem Bruder auch noch ihr bisschen Rente ins Maul, damit er wieder seinen Mercedes voll tanken kann, und jetzt will er auch noch das Haus umbauen. Wir Schwestern haben keine Zeit uns um die Mutter zu kümmern, sie muss dort im Haus bleiben, sie hat ja auch nach Übergabe des Hauses an den Bruder das Wohnrecht dort und sie will ja auch nicht weg dort. Bei uns kann sie jedenfalls nicht bleiben, wir haben den Betrieb, haben viel zu tun und außerdem so viele Treppen, das ist nichts für die Mutter auf ihren Krücken. Was war denn überhaupt bei ihm, kann man reden mit ihm, ist er schon in der Psychiatrie?

Gegenübertragung: Gestresste Frau, gerade ein paar Stunden Schlaf nach einer langen Samstagnacht im Dorfwirtshaus, freute sich wahrscheinlich auf ein paar wenige Stunden Schlaf, auf Ruhe nach den oberflächlichen Thekenblödeleien. Hübsch ist sie, musste sich wohl einige Anbiederungen gefallen lassen, auch einige Gefälligkeitsgetränke in sich hineinkippen. Fiel um fünf ins Bett und um sieben schleppt sich die Mutter an und begehrt Einlass und Quartier für die nächsten Tage oder Wochen, weil der Sohn wieder so einen wilden Blick drauf hat. Da kann man schon zornig werden und eine De-

portation des Bruders verlangen, damit man die Mutter wieder los wird und weiter schlafen kann.

Der alkoholisierte und dann unberechenbare Bruder ist aber auch eine Kopie des Vaters, der das Mädchen oft in Angst und Schrecken versetzte, ist eine Kopie der pöbelnden, aggressiven, distanzlosen, im Lauf des Abends immer betrunkener werdenden Landjugend, die ihr schon auch einmal auf den Hintern klopft, diese Männer gehören alle weg, damit sie in Ruhe und Sicherheit schlafen kann. Sie braucht Ruhe, die Mutter braucht Ruhe, sonst geht sie auch bald auf Krücken, sie arbeitet ja auch wie die Mutter damals Tag und Nacht, erschöpft sich und was wird sie später einmal davon haben? Rheuma? Bei dieser Zukunftsperspektive wird wohl jeder zornig.

Schon nachvollziehbar, dass sie sich Sorgen um die Mutter macht, einmal hat er sie ja bereits mit dem Messer bedroht, sie fast umgebracht, den Obstgarten verwüstet. Sie hat keine Zeit und auch nicht Distanz, Erfahrung und Kraft genug sich mit ihrem psychotischen Bruder herumzuschlagen, macht das Gasthaus, die Diskothek, hat wahrscheinlich Familie, daneben noch den Haushalt und nur ganz karge Freizeit. Sie will und kann kein Risiko eingehen, will ihre Mutter in Sicherheit wissen, will der Mutter, die über so viele Jahre die Familie zusammenhielt, die Mädchen vor dem auch sexuell anzüglichen Vater beschützte und unter schwierigsten Bedingungen ihre Kinder großzog, einen schönen Lebensabend gönnen.

Es klopft wieder, eine alte Frau kommt herein, sie geht gebückt auf zwei Unterarmstützkrücken, die paar Stufen im Raum machen ihr sichtlich Probleme, ihr überraschend jugendliches Gesicht verzerrt sich bei jeder Stufe vor Schmerz. Sie trägt ein dunkelblaues Kopftuch, eine schwarze Schürze über dem blauen Kleid, schwarze Strümpfe, ausgelatschte alte Schuhe. Die Hüftgelenke sind steif, man hat den Eindruck ebenso die Halswirbelsäule, im Gegensatz dazu lebhafte, wache Augen und ein sehr glattes fast jugendlich wirkendes, spitzes Gesicht, die Nase lang. Wir grüßen sie, sie lässt sich mit einem Seufzer im Ledersofa nieder, streckt die Beine aus, die Krücken lehnen in Reichweite. Sie wirkt müde, aber auch irgendwie gespannt. Die junge Frau hinter ihr, ihre zweite Tochter, sehr dick, fast aufgequollen, etwas ängstlich und unsicher um sich blickend, grüßt kurz und scheu, schaut uns kaum an, setzt sich seitlich in einen Sessel im Erker.

HERR E.

Gegenübertragung: Da sind sie also, die kastrierenden Frauen, die über den letzten Mann in der Familie richten wollen. Sie verschwören sich, werden bald wohl auch die noch ausständige Schwester aufbieten und dann darauf bestehen, dass der Bruder/ Sohn weit weg muss.

Die Mutter erinnert an die Hexe in Hänsel und Gretel, krummer Rücken, Schürze, lange Nase, versteckt den Hänsel tief im Wald, wenn er genug gemästet, also sein Finger dick ist, dann wird er gefressen, Gott sei Dank steckt Hänsel der alten Frau immer ein Knöchelchen heraus, sonst wäre er schon längst im Topf. Er darf nicht Mann werden, sein Penis darf nicht dick werden, seine Individuation muss begrenzt bleiben, sonst wird er umgebracht. Die Mutter lässt Reifung nicht zu, beziehungsweise Reifung wird zu etwas unmittelbar Bedrohlichem. Reifung ist nur möglich, wenn ich in einen psychotischen Kosmos flüchte, verrückt werde. Entweder Hänsel wird gegessen oder die Hexe gebraten, es gibt nur diese zwei Varianten, die böse Mutter muss getötet werden, damit zumindest der gute Teil der Mutter, im Märchen die richtige Mutter, als Teilobjekt erhalten bleiben kann. Objektbeziehungstheorie, die Mutter noch gespalten in extrem gut und extrem böse. Eine Fusion des guten mit dem bösen Objekt ist noch ausständig. Auch E. muss die böse Mutter (fast) töten, erstechen, um erwachsen werden zu können, die gute Mutter bleibt so erhalten. Frau E. ist doppelt besetzt, ambivalent, die brave Hausfrau und Mutter, die tüchtige Arbeiterin, die ihren Kindern das letzte gibt, sich völlig dem Sohn opfert und die böse Hexe, die ihren Sohn nicht erwachsen werden lässt, ihn klein hält, ihm keine Frau erlaubt, seine abgöttische Liebe nie zu erwidern verstand. Das Ich des Herrn E. ist aber für eine gelingende Ablösung und Individuation zu schwach. Die Psychose als vermeintliche Trennung, aber auch als Ausdruck der Sehnsucht nach Symbiose und Ausdruck einer großen Liebesfähigkeit, die ins Leere geht, verpufft, nie beantwortet wurde.

Diese Frau, diese Mutter drückt Gegensätze zum Verrücktwerden aus: Hilflosigkeit und Stärke, Kraft und Schwäche, Selbstlosigkeit und Eigennutz, Mutterliebe und Hass auf die Kinder.

Die Mutter sagt mit klarer Stimme, dass sie wissen möchte, wie es um ihren Buben steht, ob er schon wieder zur Vernunft gekommen sei, denn sie möchte natürlich so schnell wie möglich heim. Er sollte nur ein paar Tage ins Krankenhaus, zur Vernunft gebracht werden, einen klaren Kopf kriegen, dann werde alles wieder gut. Warum ich nicht von ihrem Sohn erzähle, was er uns anvertraut habe, sie möchte schon genau wissen, wie es jetzt weitergehen soll. Wird er mit ihr zumindest telefonieren? Sie hat jetzt schon mehrmals angerufen, es ist immer besetzt. Sie mache sich Sorgen um ihn, was, wenn ihm wieder Verrücktes einfällt, was, wenn er nicht zur Arbeit geht? Sie müsse ja auch seine Wäsche machen und ihm das Essen nach der Arbeit auf den Tisch stellen. Sonst geht er wieder ins Gasthaus und verbraucht so viel Geld. Sie verstehe das alles nicht, es lief jetzt über Monate wieder alles so gut, warum er jetzt auf einmal wieder so spinne, sei ihr völlig schleierhaft. Die Tochter pflichtet bei, ein paar Tage Krankenhaus, und es ginge vielleicht wieder, es würde sich alles wieder einrenken, reden hätte jetzt keinen Sinn, er gehört weg und die Mutter zurück ins Haus.

Ja, was glaubt denn der überhaupt, lässt sich die im Erker sitzende, jetzt wütend schnaubende Schwester vernehmen, kurz setzt sie sich aufrecht hin, schaut ihre Mutter an und versinkt dann wieder mit leerem Blick in ihrem Sessel. Jetzt müsse man handeln und nicht reden, meint noch einmal die erste Schwester.

Gegenübertragung: Der Druck auf mich wird größer. Handeln soll ich, nicht reden, ein richtiger Mann sein. Die Frauen würden applaudieren, würde ich den Verrückten wieder zur Vernunft bringen. Eine links, eine rechts, ohne zu fackeln, keine langen Worte, durchgreifen und klarstellen, wer hier das Sagen hat. Wenn das nicht so gemacht wird, dann bist du kein richtiger Mann, sondern ein Jämmerling, ein Schlappschwanz. Hast wohl Angst vor ihm, hast wohl die Hose voll? Richtige Männer würden ihm schon zeigen, dass man eine alte, gebrechliche Frau nicht aus dem Haus jagt, nicht wild Autofahren darf, sich nicht gegen ungeschriebene Gesetze von Familien stellen darf.

Was zögerst du noch, mach Ordnung, bring ihn zur Vernunft. Falls etwas passiert, bist du schuld, nur du, du trägst die Verantwortung, denn wir würden alles richtig machen, du aber vermasselst alles. Du tickst wohl nicht richtig, mit deiner Idee, den Willen von E. zu respektieren und ihn zu Hause zu lassen, du bist hereingefallen auf ihn, du traust ihm zuviel Vernunft und Stärke zu, die Idee ihn einfach öfters zu besuchen und ihn durch diese Krise zu begleiten, ist doch völlig absurd. Du bist einfach nur ein Feigling, kennst du dich überhaupt aus in psychiatrischen Dingen? Warum haben sie nicht jemanden Kompetenteren im Dienst heute, einen Durchgreifer?

HERR E.

Und doch entschließe ich mich für diese Lösung und mache meine Meinung im Krisendienstteam so publik, dass meine Kollegen alle am selben Strang ziehen. Während ich mich in den nächsten Wochen um E. kümmere, einige Male zu ihm fahre, mit ihm Gespräche führe, ihn stärke, ihn aber auch auffordere, den Boden der Realität nicht zu verlieren – und er ist mehrmals knapp dran –, führt eine Kollegin zwei Familiengespräche. Die Mutter bleibt vorerst bei der Tochter. E. geht nach zwei Wochen Krankenstand wieder arbeiten, trinkt weniger Alkohol, nimmt die Tabletten wieder regelmäßig, sucht seinen Psychiater auf. In den Gesprächen wird er immer lockerer, hat Vertrauen zu mir, spricht sich manchen Stau von der Seele. Ich gebe ihm keinen Rat, dränge ihn zu nichts, spreche keine Empfehlungen aus, begleite und beobachte ihn nur. Ich beruhige den von mir beunruhigten Gendarmerieposten, tausche mich am Telefon mit dem bisher Herrn E. behandelnden Psychiater aus, spreche mit seinem besorgten Arbeitgeber und übergebe die Betreuung schließlich an einen Psychologen, der Herrn E. vom Erstaufenthalt im Krankenhaus gut kennt.

Monate später höre ich, dass E. nun eine Freundin habe, mit ihr den ersten Stock bewohne, die Mutter lebe auch wieder im Haus, sie hätte sich in ihr Zimmer zurückgezogen. E. gehe es gut, er hätte abgenommen, sei tüchtig bei der Arbeit, psychisch sei er wieder völlig in Ordnung, nehme nur mehr eine sehr geringe Dosis Leponex.

Im Sommer des nächsten Jahres ruft mich wieder seine Schwester, die Gasthofbesitzerin, an. Seit der Trennung von seiner Freundin gäbe es wieder Streit mit E., wieder sei die Mutter weggegangen, wieder befürchte man das Schlimmste. Und ich soll nur ja nicht wieder glauben, die Mutter sei dran schuld.

Ich rufe E. an, tatsächlich kommt er zwei Tage später zu mir ins Krankenhaus, es passt gut, ich habe gerade Ambulanzvertretung. Er erzählt mir in einem sehr offenen Gespräch, dass er wenig schlafe, seit einigen Tagen Stimmen höre, die ihm ziemlich zusetzen würden, er fühle sich verfolgt, nicht nur von der Mutter, fühle von allen Menschen vorwürfliche Blicke auf sich gerichtet, höre die Menschen ihn beschimpfen und fühle sich sehr ängstlich. Es sei schlimmer als damals. Ich bitte ihn, im Krankenhaus zu bleiben. Er will nur kurz nach Hause, ein paar Sachen holen, kommt tatsächlich Stunden später zur Aufnahme. Ich erzähle der stationsführenden Kollegin ausführlich von E. Er erholt sich rascher von dieser psychotischen Episode, aufgrund seiner komplexen finanziellen Probleme und dem schwelenden Konflikt mit seinen Schwestern wegen der Erbschaft willigt E. nach einem Gespräch mit mir in eine Sachwalterschaft in finanziellen Angelegenheiten ein. Die Nachbetreuung nach der Entlassung übernimmt diesmal die Station. Wieder geht es ein Jahr gut, wieder kehrt die Mutter ins Haus zurück, wieder hat E. eine Freundin.

Ein weiteres Jahr später kommt E. ein paar Tage an die Station, er möchte wegen Potenzproblemen auf ein anderes modernes Neuroleptikum umgestellt werden, psychisch gehe es ihm gut. In einem kurzen Gespräch im Nachtdienst wirkt er reif, geordnet, klar, männlich und selbstsicher.

Schizophrenie und Familie

Gleichsam als Gegenpol zu den somatogenetischen Hypothesen zur Schizophrenieentstehung in Europa entstanden im angloamerikanischen Raum in den 50er und 60er Jahren Hypothesen zur Krankheitsentstehung basierend auf den Ergebnissen der Familienforschung und sich entwickelnden Familientherapie. Schizophrenie wird hier systemisch verstanden, nicht als Ausdruck eines Problems des Individuums, sondern als Resultat komplizierter, interdependenter und krankmachender Interaktions- und Kommunikationsprozesse. Die Familie wird als Matrix der sich entwickelnden Persönlichkeit verstanden. Diese Forschungsergebnisse fanden schließlich Eingang in die psychotherapeutischen Ansätze der Familientherapie und ihrer verschiedenen Schulen. Hier sei nur ein kurzer und unvollständiger Überblick über diese zum Teil bereits wieder obsoleten Konzepte gegeben:

Schizophrenogene Mutter (Fromm-Reichmann 1948, Arieti 1955, Hill 1955): Diese Mutter, eher als lieblos, zurückweisend und zu wenig Empathie fähig beschrieben, liebt ihr Kind nur, solange es unbewusste Wünsche, Sehnsüchte und Impulse der Mutter erfüllt. Sie ist aufgrund ihrer narzisstischen Ich-Defekte nicht in der Lage, das Kind als selbständiges Wesen wahrzunehmen. Diese Mutter ist zudringlich, mischt sich überall ein, entmutigt das Kind bei Eigeninitiativen, sie pendelt unberechenbar zwischen Nachgiebigkeit und Strenge.

Dieses inzwischen weitgehend widerlegte, monokausale Modell verursachte leider eine Generationen überdauernde Schuldzuweisung an die Mütter.

Schizophrenogener Vater (Reichard und Tillmann 1950): Dieser Vater verbirgt seine Schwäche hinter einer Fassade von Härte, Herrschsucht und Grausamkeit, er ist eifersüchtig auf das Kind und konkurriert mit ihm. Der Vater imponiert als passiv, abhängig und unmännlich.

Auch diese Ansicht ist überholt, außerdem muss wie beim Konzept der „schizophrenogenen Mutter" die Frage gestellt werden, ob nicht bestimmte Wesenszüge der Eltern erst durch die Erkrankung des Kindes selbst provoziert wurden.

Aus diesen beiden Theorien entstand später die *Mehrgenerationentheorie der Schizophrenie (Boszormenyi-Nagy 1973):* Die Störung der Selbstwertgefühlsregulation und des Identitätsgefühls wird innerhalb der Familie von Generation zu Generation weitergegeben.

Die verdrängte Liebe (Searles 1958): Das stärkste Gefühl zwischen Mutter und dem schizophrenen Patienten ist die Liebe. Diese Liebe, Verehrung und Hingabe des Kindes kann von der Mutter nicht angenommen oder gar erwidert werden, sie zieht sich emotional zurück. Das Kind hat so kein Objekt, an dem es seine Liebesfähigkeit erproben kann, die Liebe wird verdrängt. Diese unglaubliche Desillusionierung zieht notwendigerweise andere Abwehrmechanismen und Coping-Strategien nach sich und mündet auch in die Psychose des später erwachsenen Patienten.

Daneben erwähnt Searles auch verschiedene Gründe und Motive, meist dienen sie dem Erhalt der narzisstischen Homöostase einzelner Familienmitglieder, um andere, meist ein Kind verrückt zu machen. Searles spricht in diesem Zusammenhang gar von psychischem Mord.

Double bind (Bateson, Jackson, Haley, Weakland 1956): Unter den vielen interessanten Beschreibungen zu innerfamiliären Kommunikationsmodi ist die Double-bind-Hypothese besonders bekannt geworden. Darunter wird ein für Familien von Schizophrenen typischer Kommunikationsstil verstanden. Mehrere Botschaften verbaler aber auch non-verbaler Art stehen zueinander in krassem Widerspruch und bringen das Kind in eine Beziehungsfalle, in eine „affektiv-kognitive Zwickmühle" (Ciompi), in der es kein richtiges und adäquates Reagieren mehr gibt. Aufforderungen werden so gestellt, dass man ihnen mit keinem Verhalten gerecht werden kann. Das Familiensystem, das solch verwirrende Doppelbotschaften meist zu den Themen Nähe und Distanz anbietet, kann nicht verlassen werden. Die immer wiederkehrende Konfrontation mit Doppelbindungen verursacht bereits beim Kind heftige Affekte wie Wut, Angst und Verwirrtheit, schließlich flieht es als Jugendlicher vor diesem Dauerstress in die Psychose.

Pseudogemeinschaft (Wynne, Ryckoff, Day, Hirsch 1958): Die Familien schizophrener Patienten sind Pseudogemeinschaften. Bündnisse und Zerwürfnisse sind nicht echt, es gibt keine echte Gegenseitigkeit, keine wirkliche Bezugnahme. Starre Rollenvorgaben müssen eingehalten werden, das Verlassen dieser Rollen gefährdet das Familiensystem und wird nicht zugelassen. Diese ständig um ihre Homöostase bemühten Familien zeichnen sich durch Rigidität und Hemmung aus. Wie durch einen "Gummizaun" sind diese Familien von ihrer Umwelt abgegrenzt und isoliert. Erschwert sind die Reifung, Entwicklung und Identitätsfindung der Kinder innerhalb dieser Familiensysteme, die Psychose kann so als verzweifelter Individualisierungsschritt aufgefasst werden.

Spaltung und Strukturverschiebung in der Ehe und Familie (Litz, Cornelison, Fleck, Terry 1957): Die ehelichen Beziehungen von Eltern schizophrener Patienten sind zutiefst zerrüttet. Die Ehen sind gespalten und geprägt von gegenseitiger Herabsetzung, permanenter Trennungsandrohung, Misstrauen, fehlender Gemeinsamkeit und positiver Befriedigung in der Beziehung. Es besteht eine Tendenz zur Rivalität um die Kinder. Daneben gibt es Familien, deren Atmosphäre von der Psychopathologie eines Elternteiles bestimmt wird. Beide Ehetypen (Ehespaltung und Strukturverschiebung) stören massiv die normale Entwicklung der Kinder.

Die Sündenbockjagd (Vogel und Bell 1960):
Elterliche Konflikte bedrohen das Familiensystem, sie werden durch Zuschreibung der Sündenbockrolle scheingelöst. Das Kind wird zur Projektionsfläche und zum Austragungsort interindividueller und/oder intrapsychischer Konflikte, was zwar das Familiensystem wieder stärkt, das Kind jedoch in seiner Reifung behindert. Diese Rollenzuschreibung zur Entlastung anderer Familienmitglieder taucht auch bei Horst Eberhard Richter und bei anderen Autoren auf. Mit den in Familien vorkommenden Umgangsformen wie Ausstoßung im Wechsel mit Bindung und Delegation beschäftigte sich auch Stierlin intensiv.

Mystifizierung (Laing 1965): Durch Mystifizierung werden dem Kind Gefühle, Bedürfnisse oder Wünsche suggeriert, die es gar nicht hat. Die Destruktion in das Vertrauen auf die eigenen Gefühle und die Fähigkeit zur Fremd- und Selbstwahrnehmung werden extrem irritiert. Eltern pressen dadurch ihre Kinder in Schemata und Rollen, die keine Eigeninitiative zulassen.

Paradoxon und Gegenparadoxon (Selvini Palazzoli 1975): Ein Konzept einer besonders wichtigen Vertreterin der italienischen Familientherapie möchte ich etwas ausführlicher schildern.

Schizophrenes Verhalten innerhalb des sozialen Systems Familie wird als Spiel angesehen, in das die einzelnen Mitglieder der Familie verstrickt sind. Die Regeln dieses Spieles sind sehr vielfältig und komplex, an ihnen, die über Generationen über Versuch und Irrtum erlernt wurden, wird in äußerst starrer, unflexibler und unbeirrbarer Form festgehalten. Die Schizophrenie wird nun noch als weiterer Schachzug gesehen, weniger um der Familie zu entrinnen oder sie zu verändern, als vielmehr das Spiel und damit die Familienhomöostase unbedingt aufrechtzuerhalten.

Der designierte Patient ist nun der, der die Schwäche oder Stärke besitzt, den anderen zu signalisieren, dass er aus diesem Spiel aussteigen will, weil er die vorhandenen Regeln in den Beziehungen nicht mehr erträgt. Er hält es nicht mehr aus, nicht das sein, tun, sagen zu dürfen, was er eigentlich wirklich will. Er nimmt auch als erster den alarmierenden Zustand, in dem sich die Familie befindet, wahr. Bei der allgemeinen Angst vor Beendigung des Spieles macht es der designierte Patient als Psychotiker dann allen deutlich: „Ich bin zwar noch physisch anwesend, aber außenstehend, fremd, verrückt." Gleichzeitig schafft er es aber auch nicht, sich tatsächlich aus den Verstrickungen zu lösen, sondern versucht wieder mit den alten und übernommenen Regeln das ganze System neu zu definieren und dabei die anderen mitzureißen, indem auf seinen bedrohlichen Spielzug ein noch radikalerer folgen muss. Das Spiel geht also weiter, nur wird es nun auf eine bedrohliche, psychotische Spitze getrieben, dadurch aber auch für den Außenstehenden deutlich gemacht, denn schizophrenes Denken, Handeln und Fühlen beschreibt das System, das in der Familie herrscht, am deutlichsten! Und wieder wird die zentrale Angst verstärkt, nämlich dass sich ein Mitglied der Familie absetzt. Der Schizophrene beeinflusst das System am stärksten, er hofft auf Veränderung des Systems, aber er hält auch am genauesten die vorgegebenen Regeln ein. Das ist das Paradoxe daran. Das Gegenparadoxon besteht im therapeutischen Kunstgriff, durch das Sichtbarmachen der psychotischen Spiele innerhalb der Familie deren Auflösung zu bewirken.

Zum Großteil sind diese erwähnten Konzepte von Interaktions- und Verhaltensstilen – nochmals möchte ich betonen, dass ich nur einen sehr kleinen und unvollständigen Ausschnitt aus der Unzahl von Theorien und Autoren erwähnt habe – nie durch Studien belegt worden, und doch können sie interessante Hinweise für die in Familien mit Schizophrenen zu beobachtenden Beziehungsgestaltungen sein. Die Gefahr besteht aber in der Verurteilung und Sündenbocksuche, wie sie zum Teil auch von der Antipsychiatrie betrieben wird. Hier findet sich eine durchgehende Linie von der schizophrenogenen Mutter zum schizophrenogenen Vater, von der schizophrenogenen Familie zur schizophrenogenen Gesellschaft, der Schizophrene wird schließlich zum Märtyrer der Gesellschaft hochstilisiert. Wer sich aber offen und vorurteilsfrei auf die Familien einlässt, ohne zu richten und zu verurteilen, wird durch die Beobachtung der Interaktionsprozesse und Kommunikationsstile den Patienten und die betroffenen Familien besser verstehen und Leidensdruck verringern können. Wichtig scheint mir aber in diesem Zusammenhang der Hinweis, dass die pathologischen interaktionellen Prozesse meist erst beobachtet werden, nachdem bereits ein Familienmitglied erkrankt ist, was ja zweifellos eine sehr große Belastung für eine Familie darstellt. Daneben weiß man aber, dass bei Angehörigen schizophrener Patienten leicht erhöhte Raten schizophrener Psychosen und deutlich erhöhte Raten von Persönlichkeitsstörungen (vor allem schizotypische und schizoide, seltener paranoide Persönlichkeiten) vorkommen mit ebenfalls entsprechend erhöhter Vulnerabilität.

Sicher belegt hingegen sind nun aber zwei Konzepte der Familienforschung:

Expressed emotion (Vaugn und Leff 1976): Dieses Konzept beschreibt weniger die innerfamiliäre emotionale Belastung, die zu einer Schizophrenie führt, als vielmehr die Gefahr des Rezidivs durch kritische Bemerkungen, emotionales Überengagement, überprotektive Einstellung, offener Ablehnung oder gar Feindschaft dem Patienten gegenüber. Indirekt kann der Expressed emotion Score (EE-Score) also auch als ein Prädiktor für den Verlauf und Ausgang schizophrener Psychosen gewertet werden. Ein hoher EE-Score vor allem auch in Kombination mit häufigem und lang dauerndem Kontakt zur Familie erhöht das Rezidivrisiko sehr stark.

Familiäre Atmosphäre (Tienari 1991): In einer hochinteressanten finnischen Adoptionsfamilienstudie, deren Lektüre ich sehr empfehlen möchte, konnte gezeigt werden, dass beim Zusammentreffen von genetischem Risiko und ungünstiger Atmosphäre in der Adoptivfamilie, zum Beispiel im Sinne von Verhaltensauffälligkeiten der Adoptiveltern, das Risiko einer schizophrenen Psychose noch größer ist. Die Umweltbedingungen entscheiden also wesentlich mit, ob aus einer genetisch bedingten Vulnerabilität eine manifeste schizophrene Psychose wird. Die höchste Schizophrenierate findet sich daher bei Kindern, deren biologische Eltern an einer Schizophrenie erkrankt waren und die in einem stark gestörten Adoptionsmilieu aufwuchsen. Dieses Ergebnis unterstreicht auch die Wichtigkeit konsequenter, qualifizierter, therapeutischer Beziehungsarbeit.

Zur Therapie:

Jede familientherapeutische Schule (psychoanalytisch orientierte Familientherapie, strukturelle Familientherapie, systemische Familientherapie, entwicklungsorientierte, erlebnisorientierte, integrative Familientherapie, verhaltenstherapeutische, individualpsychologische, phasische Familientherapie ...) hat ein etwas anderes Behandlungskonzept. Details finden sich in der entsprechenden Fachliteratur.

Im Mittelpunkt steht aber immer eine tragfähige und vertrauensvolle, eventuell aber auch durch recht autoritäres Auftreten geprägte Beziehung zwischen Familie oder Klient („Familientherapie ohne Familie") und Therapeut. Man orientiert sich an der aktuellen Situation der Familie, nicht an der Geschichte der Individuen. Im Glauben an die Heilungskräfte und Ressourcen der Familie wird versucht, sie zu „reframen", das heißt, man versucht die Familienbande, den Zusammenhalt, ohne die pathologischen Regeln auf einer anderen Ebene wiederherzustellen. Zum Teil gelingt dies ja schon durch die Struktur der Therapie an sich. Durch „positive Konnotation" (positive Symptombewertung) wird versucht, die Verhaltensweisen der Familie umzubewerten. Der Familie wird sowohl die Fähigkeit zur Homöostase als auch zur Veränderung zugetraut. Wenn nun in meist mehreren Sitzungen, in denen auch Platz ist für andere kreative Ansätze (Rollenspiele, psychodramatische Techniken, Erstellen der Familienskulptur ...), die Problematik verdeutlicht und dargestellt wurde, ist Veränderung möglich. Ziel ist es, inadäquate oder erstarrte Rollenverteilungen, pathologische Beziehungs- und Kommunikationsmuster, kränkende Wiederholungen und so weiter bewusst zu machen und damit Veränderungen zu initiieren, so dass auch die Psychose des Indexpatienten nicht mehr notwendig ist.

Ein Vertreter der Heidelberger Gruppe (Arnold Retzer) präsentiert in seinem Buch „Die systemische Familientherapie der Psychosen" (Retzer 2004) anregende Fallbeispiele von Familiensitzungen, skizziert das systemische Psychosenmodell und setzt sich sehr kritisch mit einigen „Psychiatrischen Mythen", also schulmedizinischen Grundannahmen auseinander.

Daneben gibt es sehr wirksame Programme für „Familientherapien", in denen Psychoedukation und Verminderung erhöhter EE-Scores im Mittelpunkt stehen. Aufklärung und Beratung über die Erkrankung, Training im Umgang mit dem Denken, Fühlen und Handeln schizophrener Menschen werden ebenso vermittelt wie Bewältigungsstrategien für die aktuellen Familienprobleme und rückfallprophylaktische Maßnahmen. Das Ziel ist Kompetenzzuwachs für Angehörige und Kranke. Die Rückfallrate kann durch solche verhaltenstherapeutisch orientierte Interventionsprogramme deutlich verringert werden.

Frau P.

Eine Begegnung im Spannungsfeld

Frau P. leidet seit Jahren an einer paranoiden Schizophrenie.[3] Sie fühlt sich abgehorcht und überwacht von Funkanlagen, die rund um ihre Zwei-Zimmer-Wohnung in einem Eigentumswohnblock in einer kleinen Stadt installiert sind. Die Männer, die sie überwachen, sitzen in den rundum liegenden Häusern und zwar in der Feuerwehr links, dem Postamt rechts und der Polizei hinter ihrer Wohnung, wie mir Frau P. anlässlich meines zweiten Besuches bei ihr erklärt. Sie ist umzingelt. Wenn die Überwachungsgeräte eingeschalten werden, die Beamten die Kopfhörer aufsetzen, spürt die Frau ein Kribbeln im ganzen Körper, ein Gefühl von Spannung, das sich steigern kann, bis zu einer Art schmerzhaften elektrischen Schlages verbunden mit Benommenheit und Schwindel. Irgendwie hatte sich die Patientin aber mit dieser seit Jahren bestehenden Situation und ihren Symptomen abgefunden, konnte einer Arbeit nachgehen, kam regelmäßig in die Ambulanz unserer psychiatrischen Abteilung, wo sie alle drei Wochen ein Depotneuroleptikum erhielt und lebte nach ihrer Scheidung recht zufrieden mit ihrem Sohn in dieser kleinen Wohnung, sozial natürlich aufgrund ihrer Skurrilität etwas isoliert, in ihrer Umgebung wegen ihrer schrillen Art belächelt. Ihr Wahn war ein fixer Teil ihres Lebens und ihr so wichtig, dass es auch nicht gelang, so etwas wie eine Krankheitseinsicht oder Überstiegsfähigkeit zu entwickeln.

Im Frühling 97 verschlechterte sich das an und für sich labile Zustandsbild der Patientin, die Überwachungsapparate waren immer öfter eingeschaltet, empfand sie, immer häufiger musste sie fluchtartig die Wohnung verlassen und wie wild mit dem Auto davonrasen. Es gab in der Wohnung keinen sicheren Ort mehr, selbst das Bad oder die Toilette, bisher

---

3   Im folgenden sind Passagen übernommen aus Oberlerchner Herwig: Das Krisendienstspezialteam: Der „Berg kommt zum Propheten". In: pro mente kärnten. 1/97,18.

von den Spitzeln als Orte von Intimität respektiert, boten keine Zuflucht mehr. Es hagelte wütende Anrufe bei den entsprechenden Stellen. Es schien, dass wieder nach vielen Jahren ausschließlich ambulanter Betreuung – der letzte stationäre Aufenthalt datiert auf das Jahr 1986 – es zu einem stationären Aufenthalt kommen würde. Schließlich wurde in das sich ausdehnende Wahnsystem der Patientin auch noch die Flugüberwachung Zeltweg eingebaut, die Patientin erstattete Anzeige, um die Draken am Fliegen zu hindern, intervenierte beim Bezirkshauptmann, dass die Antennen der Gendarmerie beseitigt werden müssten und so weiter. Die Patientin brach schließlich den Kontakt zur Ambulanz ab, rief aber über Wochen oft im Zentrum für Seelische Gesundheit, bei der Gendarmerie oder beim Krisendienst ganz aufgeregt an und beschwerte sich über die Männer, die ihr so gar keine Ruhe gönnen wollten. Die Anrufe häuften sich, Nachbarn beschwerten sich, und die Gendarmerie forderte uns schließlich mehrmals auf, die Patientin aufzusuchen.

Schließlich fuhr im Krisendienst ein Mitarbeiter zur Patientin, führte ein langes Gespräch, verabreichte Medikamente, erkannte aber auch, dass es damit nicht getan war. Er informierte das Krisendienstspezialteam, und ich übernahm die Patientin.

Ich nahm zuerst mehrmals telefonisch Kontakt auf, versuchte eine Gesprächsbasis mit der äußerst sprunghaft und hochgradig psychotischen Patientin aufzubauen, schließlich vereinbarten wir einen ersten Besuch. Frau P. war aber nicht zu Hause, war vor uns mit dem Auto geflüchtet. Der zweite Besuch glückte: Die Patientin führte uns durch ihre Wohnung, zeigte mir die wirklich rund um ihre Wohnung in hoher Dichte an Häuserwänden und Dächern befestigten, großen und bedrohlich wirkenden Antennenanlagen und Satellitenschüsseln, zeigte uns ihre Heimarbeit, sie machte Gestecke aus Strohblumen, die sie wiederum an einen Großhandel verkaufte, um ihren kargen Unterhalt, den sie von ihrem geschiedenen Mann bekam, aufzubessern. Im Gespräch schilderte die Patientin erregt ihr Wahnsystem, und gemeinsam entwickelten wir Phantasien, wie man sich gegen diese Funkanlagen schützen könnte, da es ja in der ganzen Wohnung, nicht einmal im Bad oder der Toilette einen sicheren Ort gab. Der sexuelle Charakter der paranoiden Thematik wurde der Patientin plötzlich bewusst. Beim Gedanken, einmal so laut zu schreien, dass es dem sie bespitzelnden Feuerwehrmann den Kopfhörer vom Kopf schlagen würde, war das Eis gebrochen und Vertrauen aufgebaut. Sie lachte lange, herzlich und erleichtert. Wir witzelten über die Möglichkeit, sich mit einer Bleirüstung zu schützen und entwickelten manch skurrilen Gedanken. Ich stieg also in den Wahn ein und nahm die Patientin auf diese Art ernst. Nach dieser Phase der fast kathartischen Einsicht in die Hintergründe der Überwachung wurde die Patientin wieder ernst und nachdenklich. Die Patientin erzählte dann von ihrer Einsamkeit, vom Ablösungsprozess des Sohnes, der jetzt eine Freundin habe und immer weniger zu Hause sei. Nach der Scheidung und aufgrund der Chronizität ihrer Erkrankung sei sie ja auch immer isolierter geworden, hätte kaum noch Sozialkontakte, würde von Nachbarn belächelt und gemieden. Sie konnte schließlich weinen über das Abrücken ihres Sohnes, über ihre Angst noch einsamer zu werden und später wieder lachen über die vielen Männer, die sie überallhin verfolgen und ihr so gar keine Ruhe lassen würden. Eine unheimliche Last schien ihr genommen. Wir verließen eine erschöpfte aber erleichterte Frau P.

Bei einem weiteren Besuch führten wir auch Gespräche mit den Nachbarn und mit dem Gendarmerieposten. Zweimal musste ich die Klientin danach noch an ihren Ambulanztermin erinnern, seither kommt sie wieder regelmäßig. Wir telefonierten danach noch öfters, und wenige Wochen nach unseren Einsätzen traf ich Frau P. in der Ambulanz in Begleitung der Freundin ihres Sohnes. Sie schilderte mit Freude und Erleichterung, dass diese so stressige Zeit nun wieder vorbei sei, und sie froh sei, kein Magengeschwür bekommen zu haben. Die Abhöranlagen seien nun viel weniger oft eingeschalten, sie hätte wieder Ruhe in ihrer Wohnung. Die zukünftige Schwiegertochter wirkte sehr herzlich und verständnisvoll, und ich konnte Frau P. sagen, dass ich eher den Eindruck hätte, sie hätte nicht ihren Sohn verloren, sondern eine Schwiegertochter gewonnen. Freudestrahlend verließ sie die Ambulanz. Diese Begegnung ist nun auch bereits über drei Jahre her. Frau P. ist wieder regelmäßig in unserer Ambulanz, aus der letzten Eintragung geht hervor, dass sie sich momentan mit den Gründen der Auflösung ihrer Ehe beschäftigt.

Schizophrenie und Konflikt

Im Theorieteil „Schizophrenie und Psychoanalyse" beschäftigte ich mich mit den älteren, aber noch gültigen – die Beschreibung moderner Psychosentheorien würde den geplanten Umfang dieses Buches sprengen – und verbreiteten psychoanalytischen Konzepten zur Schizophrenieentstehung. Durch innere und/oder äußere Auslöser kommt es demnach zur Desintegration der Persönlichkeit, es erfolgt durch verschiedene vor allem primitive, also frühe Abwehrmechanismen (Projektion, projektive Identifikation, Fragmentierung, Spaltung, Verleugnung, Ungeschehenmachen, Introjektion ...) die Regression auf Fixierungspunkte in der frühkindlichen Entwicklung. Die Tiefe der Regression bestimmt das Bild der Schizophrenie. Die Ängste, die der Ich-Zerfall auslöst, aktivieren nun ihrerseits Kompensations- und Abwehrmechanismen, die Restitutionsversuchen des Betroffenen gleichkommen. Schizophrene Symptome sind also entweder Ausdruck der Regression oder Ausdruck der Restitution.

Es gab nun bereits bei Freud, wie vorne beschrieben, die Idee des Konfliktes als Auslöser schizophrener Psychosen, ähnlich also der Vorstellung von der Psychodynamik bei den Neurosen. Wie bei der Neurose, so dachte man, kommt es als Reaktion auf Konflikte zwischen Es und Ich oder Ich und Über-Ich oder Ich und Außenwelt zu einer Regression, zu einer Aufgabe von Ich-Funktionen; bei der Schizophrenie gehe jedoch die Regression viel tiefer, bis in eine Zeit, in der das Ich noch ursprünglich und undifferenziert sei. Dies ist also eine Parallele zwischen Neurose und Psychose. Ein Unterschied ist jedoch, dass beim Neurotiker das Ich sich gegen das Es wendet, indem es der Außenwelt gehorcht und eine Verdrängung vornimmt, während das Ich des Psychotikers mit der einschränkenden Außenwelt vollkommen bricht, indem es archaische Abwehrmechanismen anwendet. Damit stellt sich das Ich des Psychotikers aber nicht auf die Seite des Es, was ja Lustgewinn bedeuten würde, sondern vielmehr will es objektgerichtete Triebregungen bekämpfen. Bei Neurosen kommt es zu einer Verdrängung des Anspruchs des Es und dessen Wiederkehr in entstellter Form, bei Psychosen hingegen kommt es zu einem Bruch mit der Realität und dann zu dem Versuch, die verlorene Realität wiederzuerlangen. Das Ich schafft sich eine neue Innen- und Außenwelt. Das Pathogene beim Neurotiker ist also die Wiederkehr des Verdrängten, beim Psychotiker der Realitätsverlust.

Die Idee des Konfliktes, allerdings nicht als Ausdruck widersprüchlicher Strebungen reifer innerpsychischer Strukturen (Ich, Es, Über-Ich), taucht nun in der neueren Literatur verändert wieder auf. Ich beziehe mich im folgenden vor allem auf die Konzepte von Stavros Mentzos. Auch er nimmt die Objekt-Beziehungstheorie als Ausgangspunkt seiner Überlegungen. In den Entwicklungsschritten der ersten Lebensjahre ortet er, nicht unähnlich dem Ansatz von E. Erikson, Reifungsaufträge im Sinn von Gegensatzpaaren, Bipolaritäten. Psychische Entwicklung wird also als Lösung entwicklungsrelevanter Konflikte aufgefasst. Bei den schizophrenen Psychosen beschreibt er diese Bipolarität als Selbstbezogenheit versus Objektbezogenheit, bei den affektiven Psychosen als Selbstwertigkeit versus Objektwertigkeit. Mentzos vermutet also grundsätzlich notwendige Integrationsleistungen des Kindes zwischen einerseits zum anderen, zum nächsten, dem Objekt zielenden Strebungen (Heterophilie) und solchen, die auf das Ich gerichtet sind (Autophilie). In jedem Kontakt, in jedem Gespräch, in jeder Interaktion oszillieren wir Menschen ja unzählige Male pro Tag zwischen den Polen Innenschau und Außenwahrnehmung, hören jemandem zu und horchen in uns hinein, sehen unser Gegenüber an und dann uns selber. Erstarrt diese Fähigkeit zur Selbstwahrnehmung im Wechsel mit Objektwahrnehmung, diese Fähigkeit zum Pendeln zwischen den Polen durch biologische Gegebenheiten, ungünstige primäre Objektbeziehungen und/oder akute oder chronische Traumatisierungen, erfolgt also die notwendige Subjekt-Objektdifferenzierung nicht, entstehen chronische innerpsychische Konfliktkonstellationen, die bei entsprechenden Auslösern entweder zu extremem narzisstischen Rückzug oder Verschmelzung mit dem Objekt führen können. Der wunde Punkt, die Verletzbarkeit des Schizophrenen besteht also in der unendlich großen Sehnsucht nach einem Gegenüber, was aber sofort die Angst vor Identitätsverlust nach sich zieht. Dieses zentrale Dilemma, dieser zentrale Konflikt, Autophilie versus Heterophilie, wird nun individuell ausgestaltet, durch individuell gefärbte Abwehr- und Kompensationsmechanismen geformt. Die Psychose ist so also nicht nur als Reaktion auf eine Bedrohung, als Verstärker des zentralen Dilemmas zu verstehen, sondern auch als kreative Kompromisslösung, Ersatzbefriedigung oder als Wunscherfüllung. Die Bipolaritäten, Reifungsaufträgen entsprechend, werden also nicht aufgelöst, sondern erstarren und bilden Fixierungspunkte für spätere Regressionen.

Wodurch aber wird das sich entwickelnde Individuum gehemmt? Die Antworten in der psychoanalytischen Literatur bleiben vage. Meines Erachtens kann man sich aber folgendes vorstellen:

1) Gehen wir einmal davon aus, dass jene *pathologischen Kommunikations- und Interaktionsmuster*, die bei schizophrenen Familien beobachtet und beschrieben wurden (siehe Kapitel Schizophrenie und Familie), in den Familien nicht erst spät oder gar erst zum Zeitpunkt des Ausbruchs der Schizophrenie entstehen. Gehen wir weiter davon aus, dass sie die innerfamiliäre Atmosphäre schon ab dem Zeitpunkt der Geburt des Kindes bestimmen. Mit Inkonstanz und fehlender Kongruenz des Objektes, Zuweisung der Sündenbockrolle, Triangulierung, Missbrauch des Kindes für eigene narzisstische Zwecke, emotionalen Zwickmühlen und so weiter ist das Kind demnach von den ersten Stunden an konfrontiert, wodurch bereits erste Reifungsschritte, insbesondere auch die Ich-Entwicklung, empfindlich gestört und pathologische Abwehrmechanismen mobilisiert werden. In diesem Bereich findet sich nun auch die Brücke zwischen Psychoanalyse (Betonung individuell-innerpsychischer Prozesse) und Familientherapie (Betonung familiär-interaktioneller Prozesse). Eltern mit eigenen narzisstischen Defiziten und einer brüchigen Identität stören die Bildung von klaren Subjekt-, Objekt- und Interaktionsrepräsentanzen. Unklare, inkongruente Botschaften im affektiven und kognitiven Bereich (durch Widersprüche, Paradoxa, Double-bind) irritieren die Internalisierung von kräftigen „affekt-logischen Bezugssystemen" (Ciompi 1982) beziehungsweise führen zu einer permanenten innerpsychischen Anspannung, die eine der möglichen Quellen der Vulnerabilität der prämorbiden Persönlichkeit darstellt. Die akute Psychose entsteht schließlich durch Überlastung der affektiv-kognitiven Bezugssysteme.

2) Die *Bindungstheorie,* vom englischen Kinderarzt John Bowlby ab dem Ende der 50er Jahre ausgearbeitet, beschreibt und beobachtet Interaktionsmuster zwischen Mutter oder Vater und Kind in den ersten Lebensjahren und hat verschiedene Bindungsmuster herausgefiltert. Diese Bindungsqualitäten werden an 12-18 Monate alten Kindern in einer speziellen, standardisierten Testsituation, der von der Bowlby-Schülerin Mary Ainsworth 1978 entwickelten „fremden Situation", untersucht. In dieser Versuchsanordnung kann in verschiedenen Phasen die Reaktion des Kindes auf Trennungsstress, Wiederkommen der Mutter oder des Vaters und auch das Verhalten in den Phasen des kurzen Alleinseins mit einer fremden Person beobachtet werden.

Vier Bindungstypen werden unterschieden: sicher gebunden, unsicher vermeidend gebunden, unsicher ambivalent gebunden und schließlich desorganisiert/desorientiert gebunden. Die stärkste Korrelation gibt es zwischen mütterlicher Feinfühligkeit in bezug auf die Signale ihres Kindes und dem Bindungsmuster. In unserem Kontext sind nun drei Bindungstypen besonders zu erwähnen. Die *unsicher ambivalent gebundenen Kinder* werden in der „fremden Situation" unruhig und ängstlich, wenn die Mutter den Raum verlässt. Sie weinen, lassen die Mutter nur sehr ungern gehen. Von der fremden Person im Raum lassen sie sich kaum trösten. Kommt die Mutter zurück, begrüßen sie sie zwar und suchen ihre Nähe, beruhigen sich aber lange nicht. Sie sind hypervigilant und entweder sehr ärgerlich-aggressiv, quengelig oder aber sehr passiv und scheinen im Affekt zwischen Wut und Verzweiflung zu pendeln. *Die unsicher-vermeidend gebundenen Kinder* ignorieren scheinbar das Weggehen der Mutter, wirken nach außen ruhig, haben jedoch einen hohen Erregungspegel (hohe Herzfrequenz, hohe Stresshormonspiegel). Sie spielen mit dem Fremden, begrüßen die Mutter nach ihrer Rückkehr nicht und ignorieren sie. Die Kinder vermeiden auch den Blickkontakt.

Die Gruppe der *desorganisiert/desorientiert gebundenen Kinder* – sie wurden am Beginn der Bindungsforschung als cannot classify-Kategorie gewertet – hingegen zeigt sowohl bei der Trennung als auch beim Wiederkommen der Mutter widersprüchliche, zum Teil auch bizarre Verhaltensmuster. Gleichgültigkeit wechselt mit starker Anspannung, Ärger, offen gezeigter

Kummer, Wut auf, Angst vor der Bezugsperson und andere eigenartige körperliche und psychische Phänomene (dissoziative Symptome) werden beobachtet, ein durchgängiges Muster ist nicht vorhanden. Misshandelte Kinder zeigen in einem hohen Prozentsatz (80%) dieses Verhalten.

Diesen Ergebnissen folgten weitere Untersuchungen. Durch das „Erwachsenenbindungsinterview" (Mary Main 1985) wurde die Bindungsrepräsentanz (die Summe internalisierter Bindungserfahrungen) der Mütter der untersuchten Kinder beforscht, und es zeigte sich eine hohe Übereinstimmung (ebenfalls 80%) zwischen der Bindungsrepräsentanz der Mütter mit den Bindungsmustern ihrer Kinder. Die transgenerationale Weitergabe von Bindungsqualitäten ist also eine recht gut belegte Tatsache. In der Gruppe der desorganisiert/desorientiert gebundenen Kinder konnten in einem hohen Prozentsatz unverarbeitete schwere Traumen der Mütter eruiert werden. Das inkohärente, oft unberechenbare Verhalten dieser traumatisierten Mütter und ihr Kommunikationsstil verwirren und ängstigen die Kinder, die Distanz zur Mutter irritiert ebenso wie die Nähe zu ihr. Es entsteht keine klare Repräsentanz der so unberechenbaren Bezugsperson, was das desorganisierte Verhalten und die Orientierungslosigkeit der Kinder erklärt. Oft flüchten sie sich daher in die Dissoziation.

Die Bindungstheorie entwickelt sich weiter, die Forschungsergebnisse werden immer umfangreicher, Langzeitstudien liefern bereits Ergebnisse über Sozialverhalten, Beziehungsgestaltung, Entwicklung, Krankheitshäufungen und so weiter bei den einstmals untersuchten Kindern.

Eine Studie von Näslund zeigte, dass die Hälfte der Kinder schizophrener Mütter bei Untersuchungen am Ende des ersten Lebensjahr unsicher gebunden waren, im Vergleich zu 18% der Kinder der Kontrollgruppe (vgl.: Näslund et al. 1984). Rückschlüsse und Ergebnisse bezüglich einer Häufung von Schizophrenie, zu erwarten natürlich vor allem in den Gruppen der unsicher und desorganisiert/desorientiert gebundenen Kinder, gibt es meines Wissens noch nicht. Doch gerade bei diesen beiden Gruppen, die durch ihre Bindungsrepräsentanz so sehr mit den Themen Nähe und Distanz, mit widersprüchlichen affektiven und kognitiven Botschaften und Umgang mit den zum Teil verwirrenden und zutiefst verunsichernden Bezugspersonen beschäftigt sind, drängt sich ein Erstarren und

Fixiertbleiben im oben erwähnten Konflikt Autophilie versus Heterophilie fast auf, mit allen Konsequenzen fürs Erwachsenenalter. Auch die Entstehung einer schizophrenen Psychose ist dann naheliegend. Die Häufung von in der zwischenmenschlichen Beziehungsgestaltung beeinträchtigten Menschen in den Familien Schizophrener könnte so ebenfalls erklärt werden. Man bräuchte dazu nicht die Genetik bemühen.

Für den therapeutischen Alltag bedeutet das bisher Gesagte ein Mitberücksichtigen der verinnerlichten Bindungsrepräsentanz, die sich in der Beziehungsgestaltung unserer Patienten zu uns offenbart, auch natürlich bei schizophrenen Patienten, ein Achten auf Traumatisierungen eventuell auch bei der Elterngeneration, das Miteinbeziehen der Kinder unserer Patienten in unsere therapeutischen Überlegungen und wieder den Auftrag zu einer echten, klaren, kongruenten, verlässlichen, empathischen und damit vielleicht auch korrigierenden, heilenden therapeutischen Beziehung.

3) Akute *Traumen* wie körperliche Gewalt, sexuelle Gewalt, oder allgemein Ereignisse, die durch Hilflosigkeit, Unvorhersehbarkeit und Ausweglosigkeit beim Opfer charakterisiert sind, sind bezüglich ihrer Auswirkungen beim Erwachsenen recht gut untersucht. Im DSM-IV gibt es einerseits die akute Belastungsstörung (im ICD-10 findet sich die glücklichere Wortwahl „akute Belastungsreaktion", wodurch signalisiert wird, dass es sich nicht um eine psychische Erkrankung, sondern eine normale Reaktion auf ein Extremtrauma handelt), andererseits die posttraumatische Belastungsstörung und schließlich die andauernde Persönlichkeitsänderung nach Extrembelastung. Die akute Belastungsreaktion stellt eine bis zu Wochen dauernde, normale und natürliche Reaktion des Individuums auf ein Trauma dar. Die posttraumatische Belastungsstörung, die eventuell erst nach einem freien Intervall auftritt, hat nun hingegen Krankheitswertigkeit und umfasst die Symptomenkomplexe Hyperreagibilität (allgemein erhöhte Alarmbereitschaft des gesamten Organismus, Irritabilität, Reizbarkeit, Schlafstörungen), intrusive Symptome (das plötzliche und unkontrollierte Wiedererleben der traumatischen Situation) und konstriktive Symptome (Vermeidungshaltung, sozialer Rückzug, innere Starre bis hin zu dissoziativen Zuständen). Die andauernde Persönlichkeitsänderung nach Extrembelastung stellt eine Sonderform einer Traumafolgeerkran-

kung dar, definitionsgemäß müssen über zwei Jahre lang eine feindlich-mißtrauische Haltung der Welt gegenüber, sozialer Rückzug, ein chronisches Gefühl von Leere und Hoffnungslosigkeit oder Nervosität und auch Entfremdung mit entsprechender Auswirkung auf die Lebensgestaltung zu beobachten sein.

Die Entwicklung einer posttraumatischen Belastungsstörung ist von verschiedenen Faktoren abhängig, so von Art und Intensität des Traumas, vom Geschlecht, den sozialen Ressourcen, der prämorbiden Persönlichkeit und auch dem Erziehungsverhalten der Eltern. Bei der akuten posttraumatischen Belastungsstörung dauern die Symptome definitionsgemäß kürzer als drei Monate, bei der chronischen Form länger als drei Monate, eventuell sogar ein Leben lang. Von einer posttraumatischen Belastungsstörung mit verzögertem Beginn spricht man, wenn die Symptome erst sechs Monate bis Jahre nach dem Trauma auftreten.

Die posttraumatische Belastungsstörung hat eine hohe Komorbidität beziehungsweise Überlappung mit anderen Krankheitsbildern, so mit Angststörungen, Schlafstörungen, Suchterkrankungen, Persönlichkeitsstörungen, Anpassungsstörungen, somatoformen Störungen, depressiven Zustandsbildern, erhöhter Suizidalität und psychosomatischen Krankheitsbildern. Tatsächlich kann auch manches an den Symptomen der Patienten mit schwerer posttraumatischer Belastungsstörung an die Symptome schizophrener Menschen erinnern und bei nur oberflächlicher Anamnese auch verwechselt werden. Andererseits kann es bei entsprechender Vulnerabilität und mangelnden psychosozialen Ressourcen durch eine Traumatisierung und die damit verbundenen Überlebensstrategien des Opfers (Stichwort: Psychodynamik der traumatischen Reaktion) natürlich auch durch zusätzliche Belastung zu einer psychotischen Dekompensation kommen.

Als Sonderformen von Traumafolgeerkrankungen sind einerseits zu erwähnen Störungen, bei denen das selbstverletzende Verhalten im Vordergrund steht, zu werten als autoaggressive Impulsdurchbrüche, die als Antidissoziativum eingesetzt werden, daneben die komplexe posttraumatische Belastungsstörung, die die Folgen nach langer wiederholter Traumatisierung und vor allem auch nach Geiselhaft zu beschreiben versucht, das

Deprivationstrauma und schließlich die Formen der dissoziativen Identitätsstörung mit der Extremvariante der multiplen Persönlichkeit.

Wie sich nun Traumatisierung, akute (Typ I-Trauma) oder chronisch rezidivierende (Typ II-Trauma), auf Kinder und Jugendliche und insbesondere Säuglinge – hier hat man es ja noch mit sehr unreifen psychischen Apparaten zu tun – auswirkt, ist noch nicht genau bekannt. Mit dem Begriff „basales psychotraumatisches Belastungssyndrom der Kindheit (bPTBS/Ki)" (Fischer/Riedesser 1999) hat man versucht, eine Beschreibung als Pendant zur posttraumatischen Belastungsstörung des Erwachsenen zu kreieren. Im Mittelpunkt steht dabei das zerstörte Vertrauen zum Mitmenschen und das Auftauchen von Ängsten und drohendem Ich-Zerfall bei zum Gegenüber gerichteten Strebungen mit allen Konsequenzen für Reifung und Entwicklung des Individuums. Eine Vielzahl von Reaktionen, Störungen, Erkrankungen und Symptomenkomplexen (Syndrome), wie Entwicklungsstörungen, Teilleistungsstörungen, Bindungsstörungen, Angststörungen, Persönlichkeitsstörungen, aber natürlich auch das spätere Auftreten von schweren psychischen Erkrankungen wie schizophrenen Psychosen oder affektiven Psychosen ist vorstellbar und teilweise auch durch Studien belegt. Kreative, individuelle Bewältigungsstrategien der traumatisierten Kinder können natürlich auch „psychotische" Kompensationsversuche inkludieren und später in paranoide Verarbeitungsmodi einmünden.

4) Natürlich kann es auch durch *biologische Faktoren* (Infektionen, perinatale Hypoxie ...) zu einer Entwicklungsstörung kommen, so dass eine unzureichende Selbst- und Objektdifferenzierung resultiert, was eventuell in eine spätere Psychose einmünden mag. Die biologischen Aspekte als Teil des bio-psycho-sozialen Krankheitsmodells wurden bereits erwähnt. Neuere Untersuchungen mittels Positronenemissionstomographie und Magnetresonanztomographie haben gezeigt, dass Traumen morphologische und funktionelle Spuren im Gehirn (vor allem im Gebiet des Hippocampus, der Mandelkerne und auch der Sprachzentren) hinterlassen können. Die Annahme, dass frühe, hochpathologische Interaktionsmuster, permanente innerpsychische Anspannung durch inkongruente affektiv-kognitive Bezugssysteme, akute oder chronische Traumen das Gehirn in Reifung

und Entwicklung schädigen und eventuell für die Störung der Transmittersysteme und der Interdependenz verschiedener neuronaler Strukturen verantwortlich sein könnten, verleiht der Diskussion Somatogenese versus Psychogenese neue Brisanz.

Die Liste der möglichen Gründe für eine Erstarrung der Bipolarität Heterophilie und Autophilie ist damit aber sicher noch nicht vollständig. Gerade die Säuglingsforschung bietet mit ihren Forschungsergebnissen und Theorien einen reichen Fundus an möglichen pathologischen Interaktionsmodi, die zu Entwicklungshemmungen führen können.

Der erstarrte Konflikt, wie auch immer entstanden, bleibt als Lebensdilemma ein ständig zentrales Interaktion, Kontaktaufnahme und Lebensgestaltung betreffendes Thema. Der Kampf um Nähe und Autonomie, um Selbstbezogenheit versus Objektbezogenheit, begleitet den potentiell schizophrenen Menschen immer, prägt seinen prämorbiden Charakter. Er ist aber nicht ichschwach, hat keinen Ich-Defekt, was ja auch mit der Alltagsbeobachtung übereinstimmt, denn Schizophrene sind häufig sehr kräftige, kreative, lebenstüchtige Menschen. Das Verlassen der Defekttheorien wäre meines Erachtens der wichtigste Beitrag zur Entstigmatisierung schizophrener Menschen. Ihr Dilemma ist also weniger ein strukturelles, als vielmehr der ständig in ihrem Inneren tobende Kampf zwischen den erwähnten, sich scheinbar gegenseitig ausschließenden Polen. Dort liegt ihre Vulnerabilität, das Hauptcharakteristikum des prämorbiden Charakters. So liegt es auf der Hand, dass es häufig eine aktuelle soziale Interaktion ist, ein Verlust, eine zu große Nähe, eine Kränkung, eine Trennung, eine Ausstoßung, eine Abweisung, eine Enttäuschung oder Versagung, Gleichgültigkeit oder Überforderung von oder durch Mitmenschen, die sich auf die in der Verborgenheit brodelnde Bipolarität aufpfropft und die Regression in die Psychose auslöst. Der Konflikt mit der Außenwelt aktiviert den inneren Konflikt immer wieder von neuem, ein Circulus vitiosus entsteht, bis korrigierende Interaktionserlebnisse zu überwiegen beginnen.

Die Symptomatik der Psychose kann nun aber auch als ein sehr kreativer Kompromiss, eine Wunscherfüllung, ein Lösungsversuch des zentralen Dilemmas aufgefasst werden. Das Symptom stellt eine exakt den im Inneren erstarrten Konflikt beruhigende und stabilisierende Kompromisslösung dar. Das Symptom ist eine höchst kreative Leistung des Ichs. Die akustischen Halluzinationen bedeuten eine sehr archaische Form der Beziehungsaufnahme. Man hört jemanden, braucht aber keinen direkten Kontakt haben. Man fühlt sich begleitet, kommentiert, beraten, getröstet, beoder auch verurteilt, oft sogar beschimpft, es ist aber niemand wirklich da. Man regrediert nicht ins völlig beziehungslose Nichts, sondern hält zumindest noch einen rudimentären Kontakt zur Umwelt aufrecht. Man spürt nicht jene unerträgliche, absolute, psychotische Hilflosigkeit und Einsamkeit, solange noch eine Sinnesqualität angeregt wird, und sei es auch nur durch die externalisierte eigene Stimme. Halluzinieren bedeutet einen Kompromiss zwischen Beziehungslosigkeit und unendlicher Sehnsucht nach Nähe, vielleicht nach der flüsternden beruhigenden Stimme der Eltern, einem interessierten Gesprächspartner, einem Tröster oder Richter oder nach jemandem, der wieder Orientierung gibt. Es ist im regressiven Erleben jemand da, aber niemand in der Realität.

Der paranoide Mensch hat auch eine Kompromisslösung gefunden. Er ist völlig isoliert, allein, einsam, gleichzeitig aber im Mittelpunkt seiner verfolgenden Umwelt. Er hält seine Verfolger auf Distanz, zwingt sie aber zur Nähe. Niemand redet mit ihm, aber alle reden über ihn. Er ist ein Außenseiter umgeben von Mitmenschen. Er beobachtet sie, sie beobachten ihn. Seine Beziehungs- und Kontaktangebote erfolgen permanent und verzweifelt, sind aber für seine Umgebung beruhigend unannehmbar. „Komm mir nah, aber bleib möglichst fern", signalisiert der paranoide Mensch seinen Mitmenschen.

Nach dem bisher Gesagten wird klar, dass der Schizophrene, nicht zuletzt durch die oft nicht vorhandene Einsichtsfähigkeit, nur in Kontakt mit Menschen, zu denen er besonderes Vertrauen aufzubauen imstande ist, natürlich in Kombination mit einer gut begleiteten Psychopharmakotherapie bezüglich seiner zentralen Konflikte und Bipolaritäten nachreifen kann. In seltenen Fällen wird das eine klassische psychotherapeutische Beziehung sein. Häufiger spielen sich diese Beziehungen aber in extramuralen Betreuungseinrichtungen ab, die möglichst wohnsitznah situiert sein sollen, und in akuten Krankheitsphasen natürlich in unseren

Krankenhäusern. Die in den Bereichen Kommunikation, Interaktion, Beziehungsgestaltung so sensiblen und sensitiven Menschen brauchen Konstanz, Zuverlässigkeit, Kontinuität und Stabilität nicht nur in ihren oft belasteten Alltagsbeziehungen, sondern vor allem in qualifizierten therapeutischen Beziehungen. Auf den Aufbau von Institutionen und Behandlungsstrukturen, in denen diesen Bedürfnissen Rechnung getragen wird, ist daher meines Erachtens besonderes Gewicht zu legen.

SYNTHESE

Der erste Klient, *Herr K.*, inspirierte mich zu einer Auseinandersetzung mit der Schizophrenie aus klassisch psychiatrischer Sicht und der Darstellung des bio-psycho-sozialen Krankheitsmodells. Bei ihm vereinen sich biologische, psychologische (psychodynamische und psychoreaktive) und soziale Faktoren zu einer geradezu klassischen Form einer paranoiden Schizophrenie. Herr K. hat eine äußerst belastete primäre Sozialisation hinter sich, seine Erzählungen und die seiner Schwestern lassen die innerfamiliäre Atmosphäre deutlich spürbar werden. Nach dem Auseinanderbrechen der Familie durch den Tod der Mutter – die Kohärenz versucht Herr K. durch die Prozesse wegen des Grundstücks aufrecht zu erhalten – ist er wieder so einsam und isoliert, wie er es wohl schon in seinem Leben sehr oft war. Er ist ein Fremdkörper in der Siedlung, ein krasser Außenseiter auch in der Gesellschaft. Seine prekäre, unsichere Lebenssituation (Herr K. ist nicht versichert, er hat keinerlei Einkünfte), die latente Gefahr vom Haus vertrieben zu werden und seine Einsamkeit kann er nur mehr zunehmend psychotisch verarbeiten. Eine Regression ins Bodenlose verhindert er durch seine auch durch Alkohol induzierten Halluzinationsorgien und durch seine Verfolgungs- und Verschwörungsideen, die er durch seine querulatorischen Tendenzen äußerst expansiv kultiviert. Er löst seinen Konflikt, sein zentrales Dilemma, elegant, verweigert jeglichen Kontakt mit den Nachbarn und ist doch absoluter Gesprächsmittelpunkt, er zwingt zum Errichten hoher Zäune und reißt sie ein. Er halluziniert die Verschwörungstendenzen der Nachbarn, die schließlich Realität werden. Er ist allen in seiner Distanz so unglaublich nah. Als Herr K. schließlich schon mehrere Monate in der Außenpflege war, treffe ich eine seiner Nachbarinnen, die mir schildert, wie leer und unnütz sie sich nun vorkomme, da es so ruhig sei in der Siedlung. Der Schutt ist bereits wegtransportiert, das Haus abgetragen, das Grundstück geteilt, dort, wo das Haus der Familie K. stand, ist nun bereits Gras gewachsen. Dann sehe ich plötzlich einen Rohbau an der Stelle des alten Hauses, ein Bungalow, wie der von Herrn K. erträumte, steht nun dort.

SYNTHESE

Fr. O., eine der Schwestern Herrn Ks., wird in den Jahren danach wieder öfters stationär betreut, mal kommt sie verzweifelt und depressiv, mal euphorisch und unruhig zur Aufnahme. Sie erzählt mir bei jedem Treffen von ihrem Bruder, von ihrer belasteten Kindheit und ihrer schwierigen Beziehung zu ihrem Gatten und den Söhnen. Einmal bittet sie um ein kurzes Gespräch unter vier Augen. Ob sie mir schon gesagt hätte, flüstert sie, dass zwei Brüder ihres Vaters als Landstreicher und Alkoholiker in einem Konzentrationslager ermordet worden seien? Diese Mitteilung erschüttert mich. Habe ich die Zusammenhänge bisher überhaupt richtig gesehen?

Bei *Herrn M.* drängt sich durch die besondere Form der Beziehungsgestaltung und Betreuung die Darstellung psychoanalytischer Konzepte auf. Seine Postkarten dokumentieren eindrucksvoll – sie müssen, da sie für sich sprechen, meines Erachtens nicht als gelungene (Pseudo)-Lösung seines schizophrenen Konfliktes kommentiert werden – seinen langsam aber stetig vor sich gehenden Entwicklungsprozess, mitbedingt durch die Verlässlichkeit und Konstanz, die seine Sachwalterin, seine Bedienerin, deren Gatte und ich ihm über inzwischen schon fast vier Jahre bieten konnten. Auch seine Kindheit und Jugend erfüllen alle „Voraussetzungen" zur Entwicklung einer schizophrenen Psychose, die er leider durch zusätzlichen Alkoholkonsum als Ausdruck eines Selbstheilungsversuches immer wieder verschärfte. Herr M. wehrt sich gegen die Diagnose „Schizophrenie" nach wie vor, vielleicht werde ich sie, wenn ich Herrn M. noch besser kennen werde, einmal revidieren müssen. Von den ersten Symptomen entwickelte sich das Krankheitsbild über psychotische Zusammenbrüche, auch reaktiv auf die Ausstoßungsbestrebungen seiner Kernfamilie zu sehen, und über verzweifelte Restitutionsversuche zu einem Zustand starker Potentialeinbuße. In diesem Zustand lernte ich ihn kennen. Herr M. vegetierte in seinem Zimmer ohne jegliche Sozialkontakte, Tagesstruktur und Zukunftsperspektive vor sich hin. Nach vier Jahren ist nun eine soziale Stabilisierung und eine Stärkung der Selbst- und Objektrepräsentanzen erreicht, wobei ich die Bedeutung der regelmäßigen Medikation nochmals betonen möchte. Wie wird es weiter gehen?

SYNTHESE

Die Betreuung ist nun, während ich diese Auflage überarbeite, im neunten Jahr. Weiterhin war Herr M. nicht mehr in stationärer psychiatrischer Betreuung. Obwohl es Krisen und kurze psychotische Phasen gab, wirkt Herr M. immer stabiler, fröhlicher, selbstbewusster, unternehmungslustiger. Wegen Nebenwirkungen seiner Dauermedikation – ein Umstellungsversuch auf ein modernes Antipsychotikum scheiterte an einer paranoid-psychotischen Verdichtung – ist Herr M. in dichter hausärztlicher Betreuung. Er meidet Alkohol, versucht viel Bewegung zu machen, hat einen durchstrukturierten Wochenablauf, war bereits vier Mal über das Projekt Atempause auf Urlaub und scheint mit seinem Leben zufrieden. Weiterhin kommunizieren wir auch über Postkarten. Am 31.1.2005 schreibt Herr M.: Lieber Herr Psychiater! Sg. Dr. Herwig Oberlerchner! Schöne sonnige Tage, echt warm in ihrem Haus, warm im Krankenhaus, wünscht Ihnen Ihr Klient. M.M. jun.

Herr E. hingegen ist nicht so isoliert wie die beiden vorgenannten, er ist Teil eines Familiensystems, ich setze mich daher mit familientherapeutischen Konzepten zur Schizophrenieentstehung auseinander. Bei der Falldarstellung – Realität und Gegenübertragung im Dialog – greife ich aber wieder auf psychoanalytische Methodik zurück. Meine Gegenübertragung und die von anderen Seminarteilnehmern, ausgelöst durch meine Erzählungen, war Thema einer Lehrveranstaltung an der Universität Klagenfurt vor bereits vier Jahren, und nun habe ich sie wiedergegeben. Sie spiegelt deutlich die zum Konflikt erstarrte Ambivalenz des Patienten wider. Ich bleibe trotz einiger Zweifel bei der Diagnose paranoide Schizophrenie, die Differentialdiagnose schizoaffektive Psychose ist zwar sehr diskussionswürdig, bei meinem letzten ambulanten Gespräch mit Herrn E. aber konnte ich mich davon überzeugen, dass die Störung der Affektivität im Sinne einer Depression oder Manie nie als selbständiges Krankheitsbild auftrat und schließlich auch im Verlauf in den Hintergrund rückte. Bei der vorletzten Episode schilderte sich der Patient paranoid wahnhaft und halluzinant, bot keine wesentliche Störung des Affektes, und er hatte genug Übersteigsfähigkeit und Vertrauen, um sein Innenleben zu reflektieren und auch darüber zu reden. Kurz vor Drucklegung dieses Buches kann ich noch ein besonders erfreuliches Detail anfügen. Herr E. hat nicht nur wieder eine stabile Beziehung zu einer Frau gefunden, er ist nun auch Vater geworden. Ich hatte die Gelegenheit ihm kurz zu gratulieren, als er neuerlich labilisiert durch die anstrengenden Nächte und durch das fast logische Aktivieren seines zentralen Konfliktes durch das Baby kurz zur Krisenintervention an unserer Abteilung war.

Ein weiteres Baby kam bald nach dem ersten. Ich traf Herrn M. mit seiner Frau, den beiden Söhnen und dem Stiefsohn bei einem Spaziergang im Krankenhausgelände. Stolz stellte er mir seine Familie vor.

Die Idee eines zentralen Konfliktes beim Schizophrenen, Subjekt- versus Objektbezogenheit, drängt sich besonders bei *Frau P.* auf. Frau P. droht neuerlich von einem Mann, diesmal von ihrem Sohn, verlassen zu werden, was massive Ängste auslöst. Sie will ihn halten, aber auch ziehen lassen, da er nun eine Freundin hat. Der Verlust schmerzt sehr, doch durch ihre große Liebe zu ihrem Sohn kann sie ihn auch nicht zwingen, bei ihr zu bleiben. Dieser reale Konflikt, von Frau P. zuerst fast auf neurotischem Niveau pseudogelöst, trifft wohl auf ähnliche Konflikte in der Vergangenheit und verursacht dann doch den psychotischen Zusammenbruch. Frau P. verliert zwar vermeintlich ihren Sohn, gewinnt aber im Wahn viele Männer, die ihr nachstellen. Der Verfolgungswahn mutiert zum Liebeswahn, wird zunehmend durchsetzt von starken, sexuellen Regungen, die aber wieder abgewehrt werden müssen. Die gegenteiligen Strebungen schaukeln sich auf, Abfangjäger werden aufgeboten, erst als Frau P. bewusst gemacht werden kann, dass Selbstbezogenheit und Objektbezogenheit nicht sich ausschließende Pole von Beziehungsgestaltungen sind, sondern Kompromisslösungen auch im Realen möglich sind, kann sie den Wahn teilweise wieder verlassen.

Seit vielen Jahren ist Frau P. nun stabil, kommt nach wie vor sporadisch in unsere Ambulanz, wirkt heiter und zufrieden.

So möchte ich nun schließen. Während dieser Arbeit wurde mir einiges, schizophrenes Denken, Handeln, Fühlen und Wollen betreffend, klarer, und ich hoffe auch dem Leser etwas von der Faszination und den Kämpfen paranoid schizophrener Menschen näher gebracht zu haben.

SYNTHESE

Mit einer kurzen Erzählung will ich mich nun verabschieden. Ich erwähnte bereits „meinen ersten schizophrenen Menschen", den ich als 18-jähriger Zivildiener kennengelernt hatte. Eine seiner Eigenarten war stundenlanges, unermüdliches Rechnen. Er schrieb dreizehnstellige Zahlen (so lange war er schon in der Institution) auf und dividierte diese durch eine fünfstellige (die Anzahl der Familienmitglieder seiner Kernfamilie). Das Ergebnis wurde dann wieder mit der fünfstelligen multipliziert und musste wieder jene erste, dreizehnstellige ergeben. Ging die Rechnung auf, jubelte er mit dem Zettel durchs Haus, klopfte wie wild an meine Zimmertür und präsentierte stolz seinen Erfolg. Wenn nicht, konnte er maßlos wütend werden, unbeherrscht fluchen und mit der Faust mit voller Wucht auf den Tisch schlagen. Er trainierte und rechnete unermüdlich, oft mehrere Stunden pro Tag, seine Tagesverfassung hing großteils vom Ausgang dieser Rechnungen ab. Damals verstand ich ihn nicht, heute interpretiere ich seine Bemühungen als einen Versuch, symbolisch sein zentrales, schizophrenes Dilemma zu lösen.

BIBLIOGRAPHIE

ABRAHAM K. (1907): Über die Bedeutung sexueller Jugendtraumen für die Symptomatologie der Dementia praecox. In: Psychoanalytische Studien. Gießen: Psychosozialverlag. 1999. 125-131.

AEBI E./CIOMPI L./HANSEN H. (Hg.): Soteria im Gespräch. Über eine alternative Schizophreniebehandlung. Psychiatrie Verlag: Bonn. 1993.

ALANEN Y. O. (1997): Schizophrenie. Klett-Cotta: Stuttgart. 2001.

AMITAI M.: Zur Behandlung der Zwangsneurose. In: Psyche. Zeitschrift für Psychoanalyse und ihre Anwendungen. 5/77, 385–398.

ARIETI S. (1979): Schizophrenie. Piper: München. 8. Auflage. 2004.

ARLOW J.A.: Methodologie und Rekonstruktion. In: Psyche. Zeitschrift für Psychoanalyse und ihre Anwendungen. 12/93, 1094–1115.

ARBEITSKREIS OPD (Hg.): Operationalisierte Psychodynamische Diagnostik. Grundlagen und Manual. Zweite korrigierte Auflage. Verlag Hans Huber: Bern. 1998.

AYRES A. J. (1979): Bausteine der kindlichen Entwicklung. Zweite Auflage. Springer: Berlin; Heidelberg; New York. 1992.

BAROCKA A. (Hg.): Psychopharmakotherapie in Klinik und Praxis. Schattauer: Stuttgart; New York. 1998.

BATESON G. (1956)/**JACKSON DON D.** (1956)/**LAING R.D.** (1965)/**LIDZ T.** (1957)/ **WYNNE L.C.** (1959) u.a.: Schizophrenie und Familie. Fünfte Auflage. Suhrkamp: Frankfurt am Main. 1996.

BERLIT P. (Hg.): Klinische Neurologie. Springer-Verlag: Berlin; Heidelberg; New York. 1999.

BENEDETTI G. (1978): Psychodynamik der Zwangsneurose. Dritte Auflage. Wissenschaftliche Buchgesellschaft: Darmstadt. 1993.

BENEDETTI G. (1983): Todeslandschaften der Seele. Psychopathologie, Psychodynamik und Psychotherapie der Schizophrenie. Fünfte Auflage. Vandenhoeck & Ruprecht: Göttingen. 1998.

BLOS P. (1962): Adoleszenz. Eine psychoanalytische Interpretation. Sechste Auflage. Klett-Cotta: Stuttgart. 1995.

BÖKER W./BRENNER H.D. (Hg.): Schizophrenie als systemische Störung. Die Bedeutung intermediärer Prozesse für Theorie und Therapie. Verlag Hans Huber: Bern; Stuttgart; Toronto. 1989.

BRENNER C. (1955): Grundzüge der Psychoanalyse. Fischer: Frankfurt am Main. 1992.

BRONISCH T.: Posttraumatic Stress Disorder – Posttraumatische Belastungsstörung. Neuere Forschungsergebnisse. In: Fortschr. Neurol. Psychiat. 65. 1997. 195–207.

BUCHKREMER G./WINDGASSEN K: Leitlinien des psychotherapeutischen Umgangs mit schizophrenen Patienten. In: Psychother. med. Psychologie. 37. 407–412. Thieme Verlag. New York. 1987.

BÜRGIN, D.: Psychosomatik im Kindes- und Jugendalter. Gustav Fischer Verlag: Stuttgart; Jena; New York. 1993.

CATTAPAN-LUDEWIG K., LUDEWIG S., JAQUENOUD S., ETZENSBERGER M., HASLER F.: Warum rauchen Schizophreniepatienten? Nervenarzt. Online publiziert: 23. September 2004.

CIOMPI L. (1982): Affektlogik. Über die Struktur der Psyche und ihre Entwicklung. Ein Beitrag zur Schizophrenieforschung. Fünfte, erweiterte Auflage. Klett Cotta: Stuttgart. 1998.

DIAGNOSTISCHE KRITERIEN DES DIAGNOSTISCHEN UND STATISTISCHEN MANUALS PSYCHISCHER STÖRUNGEN DSM-IV (1994). Deutsche Bearbeitung von Saß H., Wittchen H.-U., Zaudig M., Houben I. Hogrefe, Verlag für Psychologie: Göttingen; Bern; Toronto; Seattle. 1998.

DIAGNOSTISCHES UND STATISTISCHES MANUAL PSYCHISCHER STÖRUNGEN DSM-IV (1994). Übersetzt nach der vierten Auflage des Diagnostic and Statistical Manual of Mental Disorders der American Psychiatric Association. Deutsche Bearbeitung und Einführung von Saß H., Wittchen H.-U., Zaudig M. Hogrefe, Verlag für Psychologie: Göttingen; Bern; Toronto; Seattle. 1996.

DARVILL G.: The principles of Care Management. An Inter-Agency Training Experience. Community Ressources Management, Liberty Walk, Burgage, Southwell, Notts. Second Revised Edition. 1993.

DIETZEL M./DOROW R./FRIEDMANN A.: 1x1 der Psychopharmakotherapie. Grundlagen, Standardtherapien und neue Konzepte. Springer-Verlag: Berlin; Heidelberg; New York. 1993.

DILLING H./REIMER C.: Psychiatrie und Psychotherapie. 2. Auflage. Springer Verlag: Berlin; Heidelberg. 1995.

DÖRNER K./PLOG U.: Irren ist menschlich. Lehrbuch der Psychiatrie/ Psychotherapie. Siebente, überarbeitete Auflage. Psychiatrie Verlag: Bonn. 1992.

BIBLIOGRAPHIE

DORNES M.: Bindungstheorie und Säuglingsforschung: Konvergenzen und Divergenzen. In: Psyche. Zeitschrift für Psychoanalyse und ihre Anwendungen. 4/98, 299–348.

DORNES M.: Die frühe Kindheit. Entwicklungspsychologie der ersten Jahre. Fischer Taschenbuch Verlag: Frankfurt am Main. 1998.

DORNES M.: Der kompetente Säugling. Die präverbale Entwicklung des Menschen. Fischer Taschenbuch Verlag: Franfurt am Main. 1995.

DORNES M.: Psychoanalyse und Kleinkindforschung. In: Psyche. Zeitschrift für Psychoanalyse und ihre Anwendungen. 12/93, 1116–1152.

EGGERS C./LEMPP R./NISSEN G./STRUNK P. (1971): Kinder- und Jugendpsychiatrie. Siebte, überarbeitete und erweiterte Auflage. Springer: Berlin; Heidelberg; New York. 1994.

EHLERT, M./LORKE, B.: Zur Psychodynamik der traumatischen Reaktion. In: Psyche. Zeitschrift für Psychoanalyse und ihre Anwendungen. 6/88, 502–532.

EIKELMANN, B./REKER T./ALBERS M. (Hg.): Die psychiatrische Tagesklinik. Georg Thieme Verlag: Stuttgart; New York. 1999.

ELHARDT, S. (1971): Tiefenpsychologie. Eine Einführung. 12. Auflage. Kohlhammer: Stuttgart; Berlin; Köln. 1990.

ERDHEIM M.: Freuds Erkundigungen an den Grenzen zwischen Theorie und Wahn. Einleitung zu Freud S.: Zwei Fallberichte. Psychoanalytische Bemerkungen für einen autobiographisch beschriebenen Fall von Paranoia (Dementia paranoides) (1911). Eine Teufelsneurose im siebzehnten Jahrhundert (1923). Fischer: Frankfurt am Main. 1997, 7–99.

ERIKSON, E. H. (1959): Identität und Lebenszyklus. 14. Auflage. Suhrkamp: Frankfurt am Main. 1994.

FENICHEL O. (1945): Psychoanalytische Neurosenlehre. Band I–III. Ullstein: Frankfurt; Berlin; Wien. 1983.

FISCHER G./RIEDESSER P.: Lehrbuch der Psychotraumatologie. Zweite Auflage. Reinhardt Verlag: München. 1999.

FLEISCHHACKER W. W., HUMMER M. (Hg.): Schizophrene Störungen. State of the Art III. Innsbruck: VIP – Verlag Integrative Psychiatrie. 2004.

FONAGY P.: Die Bedeutung der Entwicklung metakognitiver Kontrolle der mentalen Repräsentanzen für die Betreuung und das Wachstum des Kindes. In: Psyche. Zeitschrift für Psychoanalyse und ihre Anwendungen. 4/98, 349–368.

FREUD, A. (1936): Das Ich und die Abwehrmechanismen. Fischer Taschenbuch Verlag: Frankfurt am Main. 1992.

FREUD A. (1992): Zur Psychoanalyse der Kindheit. Die Harvard-Vorlesungen. Fischer: Frankfurt am Main. 1993.

FREUD S. (1975): Psychologie des Unbewußten. Studienausgabe. Band III. Fischer: Frankfurt am Main. 2000.

FREUD S. (1975): Schriften zur Behandlungstechnik. Studienausgabe. Ergänzungsband. Fischer: Frankfurt am Main. 2000.

FREUD, S. (1973): Zwang, Paranoia und Perversion. Studienausgabe. Band VII. Fischer: Frankfurt am Main. 2000.

GOETZ R.: Irre. Suhrkamp Taschenbuch Verlag: Frankfurt am Main. 1986.

GOFFMAN E. (1963): Stigma. Über Techniken der Bewältigung beschädigter Identität. 10. Auflage. Suhrkamp: Frankfurt am Main. 1992.

GOUZOULIS-MAYFRANK E.: Doppeldiagnose Psychose und Sucht. Von den Grundlagen zur Praxis. In: Nervenarzt 2004, 75, 642-650.

GREEN H. (1964): Ich hab dir nie einen Rosengarten versprochen. Bericht einer Heilung. Rowohlt: Reinbeck bei Hamburg. 1990.

GREENSON, R. R. (1967): Technik und Praxis der Psychoanalyse. Band I. Ernst Klett Verlag: Stuttgart. 1973.

GRUBRICH-SIMITIS, I.: Extremtraumatisierung als kumulatives Trauma. In: Psyche. Zeitschrift für Psychoanalyse und ihre Anwendungen. 11/79, 991–1023.

GYSLING, A.: Die analytische Antwort. Eine Geschichte der Gegenübertragung in Form von Autorenportraits. Edition diskord: Tübingen. 1995.

HÄFNER H.: Das Rätsel Schizophrenie. Eine Krankheit wird entschlüsselt. C.H. Beck Verlag: München. 2000.

HÄFNER H.: Psychiatrie: Ein Lesebuch für Fortgeschrittene. Gustav Fischer Verlag: Stuttgart; Jena; New York. 1991.

HARTWICH P./HAAS ST./MAURER K./PFLUG B./SCHLEGEL S. (Hg.): Posttraumatische Erkrankungen. Konvergenz psychischer und psychosomatischer Veränderungen. Verlag Wissenschaft & Praxis: Sternenfels; Berlin. 2000.

HARTWICH P./PFLUG B. (Hg.): Schizophrenien. Wege der Behandlung. Verlag Wissenschaft & Praxis: Sternenfels; Berlin. 1999.

HEGEMAN T./SALMAN R. (Hg.): Transkulturelle Psychiatrie. Konzepte für die Arbeit mit Menschen aus anderen Kulturen. Psychiatrie-Verlag: Bonn. 2001.

HEIGL F. (1978): Indikation und Prognose in Psychoanalyse und Psychotherapie. Dritte, durchgesehene Auflage. Vandenhoeck & Ruprecht: Göttingen. 1987.

HEISTERKAMP G.: Zur Freude in der analytischen Psychotherapie. In: Psyche. Zeitschrift für Psychoanalyse und ihre Anwendungen. 12/99, 1247–1265.

HELL D., SCHÜPBACH D. (1988): Schizophrenien. Ein Ratgeber für Patienten und Angehörige. 3. aktualisierte und neu bearbeitete Auflage. Springer: Berlin, Heidelberg. 2004.

HERMAN, J. L.: Die Narben der Gewalt. Traumatische Erfahrungen verstehen und überwinden. Kindler: München. 1993.

HINTERHUBER H./KULHANEK F./FLEISCHHACKER W.W./NEUMANN R. (Hg.): Prädiktoren und Therapieresistenz in der Psychiatrie. Vieweg Verlag: Braunschweig; Wiesbaden. 1993.

HOHL-RADKE F.: Die psychoseinduzierte posttraumatische Belastungsstörung. Ein selten diagnostiziertes Krankheitsbild. Der Nervenarzt. Online publiziert: 15. Oktober 2004.

HOLZINGER A., MÜLLER P., PRIEBE S., ANGERMEYER M.C.: Die Ursache der Schizophrenie aus der Sicht der Betroffenen. In: Psychiatrische Praxis. 2001. 174-179.

HOLZINGER A., MÜLLER P., PRIEBE S., ANGERMEYER M.C.: Die Ursache der Schizophrenie aus der Sicht der Angehörigen. In: Psychiatrische Praxis. 2001. 139-143.

IMBER-BLACK E. (1998): Die Macht des Schweigens. Geheimnisse in der Familie. Zweite Auflage. Klett-Cotta: Stuttgart. 1999.

INTERNATIONALE KLASSIFIKATION PSYCHISCHER STÖRUNGEN (1992): ICD-10, Kapitel V (F): Klinisch diagnostische Leitlinien/Weltgesundheitsorganisation. Hg. von Dilling H./Mombour W./Schmidt M.H. Zweite korrigierte und bearbeitete Auflage 1993. Huber: Bern; Göttingen; Toronto; Seattle. Unveränderter Nachdruck 1997.

JUNGBAUER J., MORY C., ANGERMEYER M.C.: Ist die Betreuung eines schizophrenen Familienmitgliedes mit einem Gesundheitsrisiko verbunden? In: Fortschritte der Neurologie und Psychiatrie. 2002. 70. 584-554.

KAPFHAMMER H.-P.: Psychodynamische Aspekte der Paranoia. Ein psychoanalytischer Beitrag zum Verständnis paranoider Persönlichkeiten. In: Psyche. Zeitschrift für Psychoanalyse und ihre Anwendungen. 5/01, 435–503.

KASPAR S., VOLZ H.-P. (Hg.): Psychiatrie compact. Thieme. Stuttgart. 2003.

KATSCHNIG H., DONAT H., FLEISCHHACKER W. W., MEISE U.: 4x8 Empfehlungen zur Behandlung von Schizophrenie. edition pro mente: Linz. 2002.

KERNBERG, O. F. (1975): Borderline-Störungen und pathologischer Narzißmus. 6. Auflage. Suhrkamp: Frankfurt am Main. 1991.

KERNBERG, O.F. (1984): Schwere Persönlichkeitsstörungen. Theorie, Diagnose und Behandlungsstrategien. Fünfte Auflage. Klett-Cotta: Stuttgart. 1996.

KISSLING W., HÖFFLER J., SEEMANN U. et al: Die direkten und indirekten Kosten der Schizophrenie. In: Fortschritte der Neurologie und Psychiatrie. 67. 1999. 29-36.

KIPPHARDT H. (1976): März. Roman und Materialien. Rowohlt: Reinbeck bei Hamburg. 1990.

KÖHLER, L.: Anwendung der Bindungstheorie in der psychoanalytischen Praxis. Einschränkende Vorbehalte, Nutzen, Fallbeispiele. In: Psyche. Zeitschrift für Psychoanalyse und ihre Anwendungen. 4/98, 369–397.

KÖHLER T.: Biologische Grundlagen psychischer Störungen. Thieme: Stuttgart; New York. 1999.

KÖNIG P./PLATZ T./SCHUBERT H. (Hg.): Aktuelle Probleme der Schizophrenie Band 1: Schizophrenie erkennen, verstehen, behandeln. Beiträge aus Theorie und Praxis. Hg. von Platz T. und Schönbeck G. Springer-Verlag: Wien; New York. 1990.

KÖNIG P./PLATZ T./SCHUBERT H. (Hg.): Aktuelle Probleme der Schizophrenie Band 3: Rückfallprophylaxe schizophrener Erkrankungen. Eine multidisziplinäre Standortbestimmung. Hg. von König P. Springer-Verlag: Wien; New York. 1992.

KÖNIG P./PLATZ T./SCHUBERT H. (Hg.): Aktuelle Probleme der Schizophrenie Band 4: Brennpunkte der Schizophrenie. Gesellschaft - Angehörige - Therapie. Hg. von Platz T. Springer-Verlag: Wien; New York. 1993.

KÖNIG P./PLATZ T./SCHUBERT H. (Hg.): Schizophrenie Probleme & Entwicklungen. Band 2. Schizophrenie und Psychotherapie. Hg. von Strobl R. edition pro mente: Linz. 1996.

KÖRNER, J.: Übertragung und Gegenübertragung. Eine Einheit im Widerspruch. In: Forum der Psychoanalyse. Zeitschrift für klinische Theorie und Forschung. 1990, Band 6, H. 2, 87–104.

LANG H.: Zur Frage des Zusammenhangs zwischen Zwang und Schizophrenie. In. Der Nervenarzt. 1981. 52. 643–648.

LAPLANCHE J./PONTALIS J.-B. (1967): Das Vokabular der Psychoanalyse. 14. Auflage. Suhrkamp: Frankfurt am Main. 1998.

LEHMANN P. (Hg.): Psychopharmaka absetzen. Peter Lehmann, Antipsychiatrieverlag: Berlin. 1998.

LEITHÄUSER T./VOLMERG B.: Psychoanalyse in der Sozialforschung. Eine Einführung am Beispiel einer Sozialpsychologie der Arbeit. Westdeutscher Verlag: Opladen. 1988.

LEITLINIE POSTTRAUMATISCHE BELASTUNGSSTÖRUNG: Gemeinsame Leitlinien der Deutschen Gesellschaft für Psychotherapeutische Medzin (DGPM), Deutsche Gesellschaft für Psychoanalyse, Psychotherapie, Psychosomatik und Tiefenpsychologie (DGPT), des Deutschen Kollegium für Psychosomatische Medizin (GKPM) und der Allgemeinen Ärztlichen Gesellschaft für Psychotherapie. (AÄGP). AWMF Leitlinien-Register Nr. 051/010

LEUTZ G. (1974): Das klassische Psychodrama nach J. L. Moreno. Erster korrigierter Nachdruck. Springer: Berlin; Heidelberg; New York. 1986.

LICHTENBERG, J. D. (1983): Psychoanalyse und Säuglingsforschung. Springer: Berlin, Heidelberg, New York. 1991.

LIUNGMAN C.G. (1971): Sozialprodukt Geisteskrankheit. Ursachen psychischer Störungen und Methoden der Psychiatrie. Rowohlt: Reinbeck bei Hamburg. 1974.

LOCH W. (1967): Die Krankheitslehre der Psychoanalyse. Fünfte ergänzte und korrigierte Auflage. Hirzel Verlag: Stuttgart. 1989.

MAHLER, M. S. /PINE, F./BERGMAN, A. (1975): Die psychische Geburt des Menschen. Symbiose und Individuation. Die Entwicklung des Kindes aus neuer Sicht. Fischer: Frankfurt am Main. 1993.

MAHLER, M. S. (1979): Studien über die ersten drei Lebensjahre. Fischer: Frankfurt am Main. 1992.

MAIER C.: Der Handlungsdialog in der Therapie mit psychotischen Patienten. In: Psyche. Zeitschrift für Psychoanalyse und ihre Anwendungen. 55, 2001, 1–25.

MENSCHIK-BENDELE J.: Das psychoanalytische Konzept der Symbiose und die Ergebnisse der Säuglingsforschung. Ein kritischer Kommentar. In: Studien zur Kinderpsychoanalyse. Hg. von der Österreichischen Studiengesellschaft für Kinderpsychoanalyse. Band 13. Jahrbuch 1996. Vandenhoeck und Ruprecht: Göttingen, Zürich. 1996. 35–47.

MENTZOS S. (Hg.) (1984): Angstneurose. Psychodynamische und psychotherapeutische Aspekte. Fischer: Frankfurt am Main. 1995.

MENTZOS S.: Depression und Manie. Psychodynamik und Therapie affektiver Störungen. Vandenhoeck & Ruprecht: Göttingen; Zürich. 1995.

MENTZOS S.: Der Krieg und seine psychosozialen Funktionen. Fischer: Frankfurt am Main. 1993.

MENTZOS S. (1980): Hysterie. Zur Psychodynamik unbewußter Inszenierungen. Erweiterte Ausgabe. Fischer: Frankfurt am Main. 1992.

MENTZOS S. (1982): Neurotische Konfliktverarbeitung. Einführung in die psychoanalytische Neurosenlehre unter Berücksichtigung neuer Perspektiven. Fischer: Frankfurt am Main. 1993.

MENTZOS S. (1991): Psychodynamische Modelle in der Psychiatrie. Vierte Auflage. Vandenhoeck & Ruprecht: Göttingen; Zürich. 1996.

MENTZOS S. (Hg.): (1992): Psychose und Konflikt. Zur Theorie und Praxis der analytischen Psychotherapie psychotischer Störungen. Zweite Auflage. Vandenhoeck & Ruprecht: Göttingen; Zürich. 1995.

MEISE, U./HAFNER, F./HINTERHUBER H. (Hg.): Gemeindepsychiatrie in Österreich. Verlag Integrative Psychiatrie: Innsbruck. 1998. 9–19.

MERTENS W. (1990): Einführung in die psychoanalytische Therapie. Band 1.–3. Dritte, überarbeitete Auflage. Kohlhammer: Stuttgart; Berlin; Köln. 2000.

MERTENS W. (1981): Psychoanalyse. Fünfte überarbeitete und erweiterte Auflage. Kohlhammer: Stuttgart; Berlin; Köln. 1996.

MITSCHERLICH A./MIELKE F. (Hg.) (1960): Medizin ohne Menschlichkeit. Dokumente des Nürnberger Ärzteprozesses. Herausgegeben und kommentiert von Alexander Mitscherlich und Fred Mielke. Fischer: Frankfurt am Main. 1991.

MITSCHERLICH, M. (1987): Erinnerungsarbeit. Zur Psychoanalyse der Unfähigkeit zu trauern. Fischer: Frankfurt am Main. 1993.

MÖLLER H.J./KISSLING W./STOLL H.-D./WENDT G.: Psychopharmakotherapie. Ein Leitfaden für Klinik und Praxis. Kohlhammer: Stuttgart; Berlin; Köln. 1989.

MÖLLER H.J./LAUX G./KAPFHAMMER H.-P. (Hg.): Psychiatrie und Psychotherapie. Springer-Verlag: Berlin; Heidelberg; New York. 2000.

MÖLLER H.J./MÜLLER N. (Hg.): Schizophrenie. Langzeitverlauf und Langzeittherapie. Springer-Verlag. Wien. 2004.

NÄSLUND B., PERSSON-BLENNOW I, McNEIL T. et al: Offspring of women with nonorganic psychosis: infant attachment at one year of age. In: Acta psychiatrica scandinavia. 1984. 69. 231-241.

BIBLIOGRAPHIE

NEUMANN H.: Schizophrenie und Gewalttat. Dokumente der Erfahrung. Zweite, überarbeitete Auflage. Verlag Wissenschaft & Praxis: Sternenfels; Berlin. 1999.

OBERLERCHNER, H.: Der Kaspar-Hauser-Mythos. Psychoanalytisch orientierte Assoziationen auf den Spuren des rätselhaften Findlings. Verlag Wissenschaft & Praxis: Sternenfels; Berlin. 1999.

OBERLERCHNER, H.: Das Krisendienstspezialteam: Der „Berg kommt zum Propheten". In: pro mente kärnten. 1/97, 17–18.

OBERLERCHNER, H., PLATZ T., ZDOUC W.: Perniziöse Katatonie – Eine Falldarstellung. Zwischen Elektrokrampftherapie und Psychodynamik. In: Psychopraxis. 3/2003. 38-47.

OLIVER J.E.: Intergenerational Transmission of Child Abuse: Rates, Research, and Clinical Implications. In: Am. J. Psychiatry. 1993. 150. 1315-1324.

ORBAN P.: Der multiple Mensch. Fischer: Frankfurt am Main. 1996.

ORBAN P. (1981): Psyche und Soma. Über die Sozialisation des Körpers. Suhrkamp: Frankfurt am Main. 1988.

OTTOMEYER, K.: Kriegstrauma, Identität und Vorurteil. Mirzadas Geschichte und Ein Brief an Sieglinde Tschabuschnig. Drava Verlag: Klagenfurt/Celovec. 1997.

PERREN-KLINGLER G. (Hg.): Debriefing. Erste Hilfe durch das Wort. Hintergründe und Praxisbeispiele. Haupt: Bern; Stuttgart; Wien. 2000.

PODVOLL E. M. (1990): Verlockung des Wahnsinns. Therapeutische Wege aus entrückten Welten. Hugendubel: München. 1994.

QUINT H.: Der Zwang im Dienste der Selbsterhaltung. In: Psyche. Zeitschrift für Psychoanalyse und ihre Anwendungen. 8/84, 717–737.

READ J., AGAR K., ARGYLE N., ADERHOILD V.: Sexual and physical abuse during childhood and adulthood as predictors of hallucinations, delusions and thought disorder. In: Psychology and Psychotherapy: Theory, Research and Practice. 2003. 76. 1-22.

READ J., PERRY B.D., MOSKOWITZ A., CONNOLY J.: The contribution of early traumatic events to schizophrenia in some patients: A traumagenic neurodevelopmental model. In: Psychiatry. 2001. 64 (4). 319-345.

READ J., ROSS C. A.: Psychological trauma and psychosis: Another reason why people diagnosed schizophrenic must be offered psychological therapies. In: Journal of the American Academy of Psychoanalysis and Dynamic Psychiatry. 2003. 31 (1). 247-268.

RETZER A.: Systemische Familientherapie der Psychosen. Hogreve: Göttingen, Bern, Toronto, Seattle. 2004.

RICHTER, H.-E. (1963): Eltern, Kind und Neurose. Psychoanalyse der kindlichen Rolle. Rowohlt: Reinbeck bei Hamburg. 1995.

RICHTER H.-E. (1970): Patient Familie. Entstehung, Struktur und Therapie von Konflikten in Ehe und Familie. Rowohlt: Reinbeck bei Hamburg. 1998.

RIEMANN F. (1961): Grundformen der Angst. Eine tiefenpsychologische Studie. Ernst Reinhardt Verlag: München; Basel. 1998.

ROHDE-DACHSER, C. (1979): Das Borderline-Syndrom. 5. Auflage. Verlag Hans Huber: Bern; Göttingen; Toronto; Seattle. 1995.

ROST W.-D. (1987): Psychoanalyse des Alkoholismus. Theorie, Diagnostik, Behandlung. 4. Auflage. Klett Cotta: Stuttgart. 1992.

ROTH P. (1967): Portnoys Beschwerden. Rowohlt: Reinbeck bei Hamburg. 1998.

RUF-BÄCHTIGER L.: Das frühkindliche psychoorganische Syndrom. Minimale zerebrale Dysfunktion. Diagnostik und Therapie. Dritte überarbeitete und erweiterte Auflage. Thieme Verlag: Stuttgart; New York. 1995.

RUTSCHKY, K. (Hg.): Schwarze Pädagogik. Quellen der Naturgeschichte der bürgerlichen Erziehung. Ullstein: Frankfurt am Main; Berlin; Wien. 1977.

SACHSSE U. (1994): Selbstverletzendes Verhalten. Psychodynamik - Psychotherapie. Das Trauma, die Dissoziation und ihre Behandlung. Vierte, überarbeitete Auflage. Vandenhoeck & Ruprecht: Göttingen. 1997.

SACKS O. (1973): Awakenings. Zeit des Erwachens. Rowohlt: Reinbeck bei Hamburg. 1991.

SACKS O. (1985): Der letzte Hippie. Zwei neurologische Geschichten. Rowohlt: Reinbeck bei Hamburg. 1996.

SACKS O. (1985): Der Mann, der seine Frau mit einem Hut verwechselte. Rowohlt: Reinbeck bei Hamburg. 1991.

SACKS O. (1984): Der Tag, an dem mein Bein fortging. Rowohlt: Reinbeck bei Hamburg. 1991.

SATIR V. (1988): Kommunikation. Selbstwert. Kongruenz. Konzepte und Perspektiven familientherapeutischer Praxis. Sechste Auflage. Junfermann: Paderborn. 1990.

SCHARFETTER C.: Schizophrene Menschen. Diagnostik. Psychopathologie. Forschungsansätze. Fünfte Auflage. Beltz. Psychologie Verlags Union: Weinheim. 1999.

SCHATZMANN, M. (1973): Die Angst vor dem Vater. Langzeitwirkung einer Erziehungsmethode. Eine Analyse am Fall Schreber. Rowohlt: Reinbeck bei Hamburg. 1984.

SCHMITZ M.: 1x1 der Psychopharmakotherapie. Grundlagen, Standardtherapie und neue Konzepte. Dritte, überarbeitete und erweiterte Auflage. Steinkopff Verlag: Darmstadt. 1999.

SCHWARZ F.: Einzel- und Familientherapie bei schizophrenen Psychosen. In: Der Nervenarzt 51. 644–653. Springer-Verlag: Berlin; Heidelberg; New York. 1980.

SCHWERTFEGER B./KOCH K.: Der Therapieführer. Die wichtigsten Formen und Methoden. Ein Leitfaden. Wilhelm Heyne Verlag: München. 1991.

SCHREBER, D. P. (1903): Denkwürdigkeiten eines Nervenkranken. Kadmos: Berlin. 1995.

SELVINI-PALAZZOLI M./BOSCOLO L./CECCHIN G./PRATA G. (1975): Paradoxon und Gegenparadoxon. Ein neues Therapiemodell für die Familie mit schizophrener Störung. Achte Auflage. Klett-Cotta: Stuttgart. 1993.

SECHEHAYE M. (1950): Tagebuch einer Schizophrenen. Suhrkamp: Frankfurt am Main. 1973.

SHEEHAN S. (1981): Ich bin nicht da, wo ihr mich sucht. Die Geschichte einer Schizophrenie. Heyne Verlag: München. 1991.

SMALE, G./TUSON, G./BIEHAL, N./MARSH, P.: Empowerment, Assessment, Care Management and the Skilled Worker. National Institute for Social Work, Practise and Development Exchange. Crown. 1993.

SOMMER-BODENBURG A.: Hanna, Gottes kleinster Engel. K. Thienemanns Verlag: Stuttgart; Wien. 1995.

SPANGLER G./ZIMMERMANN P. (Hg.) (1995): Die Bindungstheorie. Grundlagen, Forschung und Anwendung. Zweite Auflag. Klett-Cotta: Stuttgart. 1997.

SPIEL, W./SPIEL, G.: Kompendium der Kinder- und Jugendneuropsychiatrie. E. Reinhardt: München; Basel. 1987.

SPITZ, R. A. (1965): Vom Säugling zum Kleinkind. Naturgeschichte der Mutter-Kind-Beziehungen im ersten Lebensjahr. 10. Auflage. Klett-Cotta: Stuttgart. 1992.

STECK, B./BÜRGIN, D.: Über die Unmöglichkeit zu trauern bei Kindern trauerkranker Eltern. In: Kinderanalyse. Zeitschrift für die Anwendung der Psychoanalyse in Psychotherapie und Psychiatrie des Kindes- und Jugendalters. Hg. von Jochen Stork. Jg. 4, 1996, H. 4, 351–361.

STEIN, V.: Abwesenheitswelten. Meine Wege durch die Psychiatrie. Fischer Taschenbuch Verlag: Frankfurt am Main. 1996.

STERN, D. N. (1985): Die Lebenserfahrung des Säuglings. 5. Auflage. Klett-Cotta: Stuttgart. 1996.

STERN, D.N. (1977): Mutter und Kind. Die erste Beziehung. Dritte Auflage. Klett Cotta: Stuttgart. 1997.

STERN, D.N. (1990): Tagebuch eines Babys. Was ein Kind sieht, spürt, fühlt und denkt. Fünfte Auflage. Piper Verlag: München. 1997.

STROMBERGER H. (1988): Die Ärzte, die Schwestern, die SS und der Tod. Die Region Kärnten und das produzierte Sterben in der NS-Periode. Zweite Auflage. Klagenfurt/ Celovec: Drava Verlag. 1989.

TIENARI P.: Interaction between genetic vulnerability and family environment: the Finnish adoptive family study of schizophrenia. In: Acta Psychiatrica Scandinavia. 84. 1991. 460–465.

TÖLLE R. (1971): Psychiatrie. Achte, neubearbeitete Auflage. Springer Verlag: Berlin; Heidelberg; New York. 1988.

TREICHLER R. (1967): Der schizophrene Prozeß. Beiträge zu einer erweiterten Pathologie und Therapie. Zweite Auflage. Verlag Freies Geistesleben: Stuttgart. 1981.

VON SCHLIPPE A.: Familientherapie im Überblick. Basiskonzepte, Formen und Anwendungsmöglichkeiten. In: Integrative Therapie, Beiheft 6. Junfermann: Paderborn. 1984.

WEGNER, P.: Zur Bedeutung der Gegenübertragung im psychoanalytischen Erstinterview. In: Psyche. Zeitschrift für Psychoanalyse und ihre Anwendungen. 46, 1992, 286–307.

WESTON, D.: Gemeindepsychiatrie. In: Freedman, A. M. / Kaplan H. I. / Sadock, B. J. / Peters, U. H. (Hg.): Psychiatrie in Praxis und Klinik. Band 5: Psychiatrische Probleme der Gegenwart I. Georg Thieme Verlag: Stuttgart, New York. 1990. 150–170.

WIEDEMANN G., KLINGBERG S.: Psychotherapie produktiver Symptomatik bei Patienten mit schizophrener Psychose. In: Nervenarzt. 74. 2003. 76-84.

WILLI J. (1975): Die Zweierbeziehung. Spannungsursachen / Störungsmuster / Klärungsprozesse / Lösungsmodelle. Analyse des unbewußten Zusammenspiels in Partnerwahl und Partnerkonflikt. Rowohlt: Frankfurt am Main. 1988.

WINNICOTT, D. W. (1958): Von der Kinderheilkunde zur Psychoanalyse. Fischer: Frankfurt am Main. 1994.

WIRTZ, U.: Seelenmord. Inzest und Therapie. Kreuz Verlag: Zürich. 1989.

ZERCHIN S.: Auf der Spur des Morgensterns. Psychose als Selbstfindung. Paul List Verlag: München. 1990.

ZYGOWSKI H. (Hg.): Psychotherapie und Gesellschaft. Therapeutische Schulen in der Kritik. Rowohlt: Reinbeck bei Hamburg. 1987.

SCHIZOPHRENIE-RATGEBER für Betroffene und Angehörige:

Hilfe für Familien, die Schizophrenie zu verstehen. Verfaßt von Ian Bennun und Rachel Lucas. Torbay Health Authority. 1989. Übersetzt von Dr. Herta Kuna. Redigiert von Prim. Dr. Thomas Platz.

Schizophrene/schizophreniforme Störungen. Leben mit der Psychose. 2. Auflage. Lundbeck Arzneimittel Ges.m.b.H. 1997.

Schizophrenie hat viele Gesichter ... Hg. von der Österreichischen Gesellschaft für Psychiatrie und Psychotherapie, der Österreichischen Schizophreniegesellschaft und Pro Mente Austria. 2000.

Schizophrenie: Information für Angehörige. Ein Beitrag der „Support"-Initiative der Weltgesundheitsorganisation. Copyright für die deutschsprachige Version, Zentralinstitut für Seelische Gesundheit, 1993, Mannheim, Bundesrepublik Deutschland.

Schizophrenie. Information für Patienten und deren Angehörige. Verfaßt von Ivath A. Lundbeck Arzneimittel Ges. m.b.H.

Schizophrenie. In Träumen leben ... , **stimmen hören** ... Zusammengestellt von der Sektion Psychiatrie der österreichischen Gesellschaft für Neurologie und Psychiatrie.

BILDNACHWEIS:

Umschlagsbild: „Begegnungen". (Öl und Wachskreide auf Papier, 45x25 cm, 1996, vom Verfasser gemalt)

Postkarten (Seite 101 vom 28.3.1997 und Seite 102 vom 2.2.2001): Vorder- und Rückseite jeweils von Herrn M.

Printed by Libri Plureos GmbH
in Hamburg, Germany